HISTOIRE D
PAR LES
jusqu'à nos
lande et s
Seconde é
in-8, avec

Nota. La
été reprodu
mémoires d
tres. Nous
sentant la s
Elles peuve
se vendent

L'INDUST
DANS L
par B. D
péen ; 1

DE L'OPE
précéde
d'un ape
2 vol. i

OEUVR
sur
60 l
jou
Pi

OEUV
vol
liv.
fév

OEUV
no
par
in-8
H.

CHEF.
avec

OEUVI
publ
chaq
raisi
d'ue
d'Ec

LE PI
Scien
Le p
fr. p
L'afira
trans

JOURN
TIE
terra
moi

MANOEUVRES D'INFANTERIE.

COURS

DE

THÉORIE-PRATIQUE.

PROPRIÉTÉ DE L'AUTEUR.

Tous les exemplaires sont signés :

IMPRIMERIE DE H. FOURNIER,
RUE DE SEINE, N° 14.

MANŒUVRES D'INFANTERIE.

COURS

DE

THÉORIE-PRATIQUE

PAR M. F. BOUCHEZ

ANCIEN OFFICIER D'INFANTERIE (EX-GARDE IMP.), ÉLÈVE DE L'ÉCOLE MILITAIRE DE SAINT-CYR,
CHASSEUR A LA DIXIÈME LÉGION.

Ouvrage dédié à la Garde Nationale

ET ENTIÈREMENT NEUF.

PREMIÈRE PARTIE.

ÉCOLE DE PELOTON

RENFERMANT QUARANTE-CINQ FIGURES EXPLICATIVES;

PRÉCÉDÉE

DE LA LOI DE 1831 SUR LA GARDE NATIONALE

ET SUIVIE D'UNE

INSTRUCTION SUR LE SERVICE DANS LES POSTES.

PARIS.

CHEZ L'AUTEUR,

RUE SAINT-DOMINIQUE-SAINT-GERMAIN, N° 96;

H. FOURNIER, IMPRIMEUR,

RUE DE SEINE, N° 14.

1831.

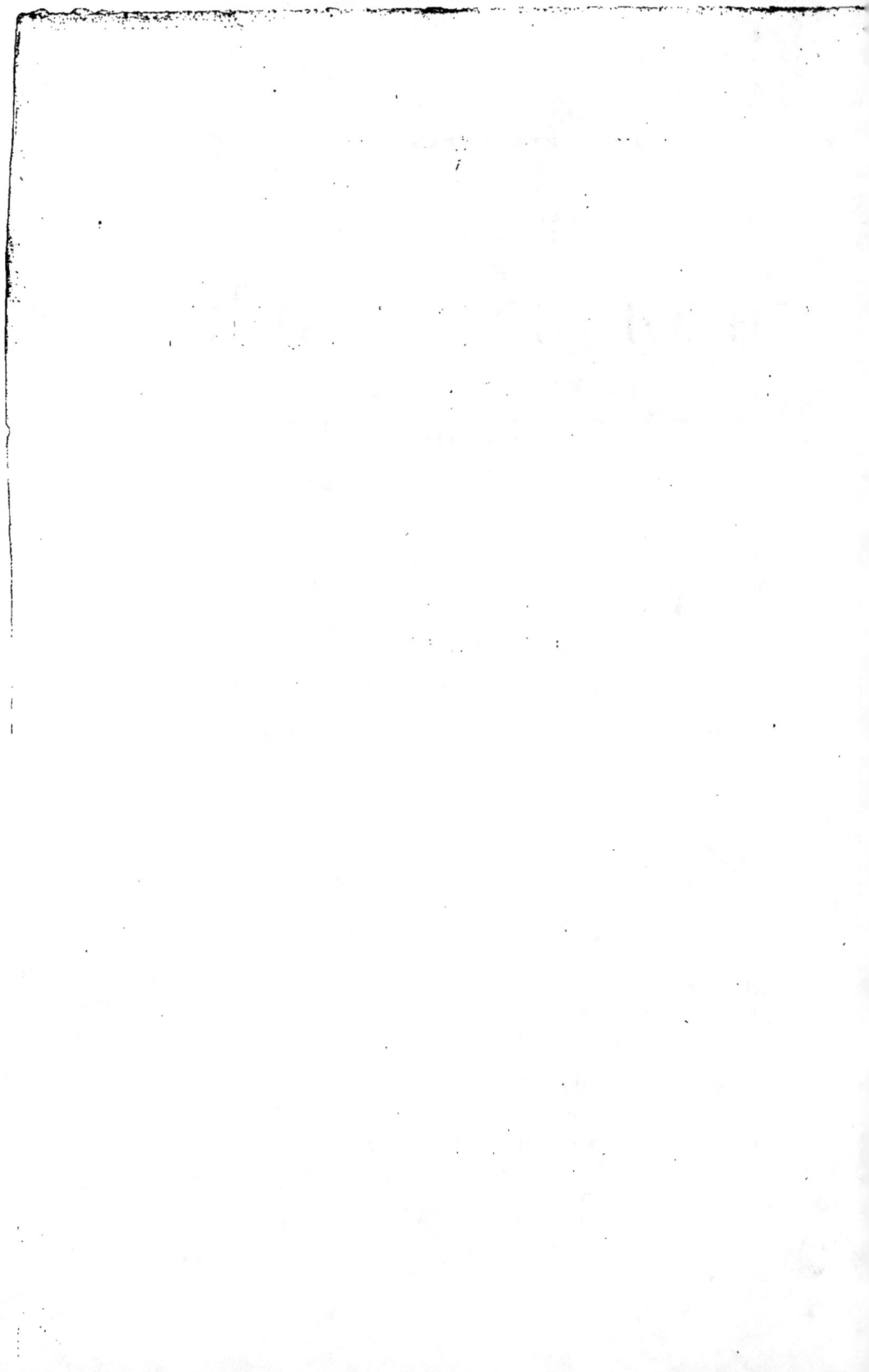

AVERTISSEMENT.

CET ouvrage n'est pas une réimpression plus ou moins tronquée du Réglement d'août 1791 sur les manœuvres d'infanterie. Tout en me conformant à sa division par leçons et articles, j'ai cru pouvoir essayer d'une rédaction nouvelle qui en fît disparaître la monotonie.

Ainsi, plusieurs des observations qui dans le Réglement terminent les articles ont été fondues dans le texte, et ses nombreux renvois à l'Ecole du soldat sont remplacés par l'exposé des principes auxquels ils font appel.

La similitude, l'analogie même plus ou moins étroite qui règne entre certains mouvemens individuels ou partiels et quelques mouvemens généraux ; le motif de chacun de ces mouvemens ; l'usage qu'il faut en faire dans telle circonstance donnée : tout cela est exposé d'une manière claire et précise.

De nombreuses figures intercalés dans le texte en facilitent l'intelligence. Ces figures représentent les mouvemens opérés par la gauche, aussi-bien que ceux opérés par la droite, et s'expliquent mutuellement. Montrer

a

tout ensemble *comment* et *pourquoi* telle chose se fait de telle manière plutôt que de telle autre, n'est-il pas le meilleur moyen d'enlever à l'étude une partie de son aridité? Elle deviendra donc à la fois moins rebutante et plus fructueuse.

Rejetées à la fin d'un volume, les figures gravées nécessitent un texte explicatif, et sont aussi inutiles à ceux qui ignorent qu'à ceux qui savent. Celles que renferme cet ouvrage, *placées à côté du précepte* et assez nombreuses, me paraissent d'autant mieux mériter la préférence, que les chiffres ne laissent aucun doute sur le côté du premier rang, non plus que sur la droite ou la gauche du peloton. Ces chiffres feront sentir la nécessité et contracter l'habitude de se numéroter par rangs et par files (1).

L'Ecole de peloton est la base de celle de bataillon. C'est dans cette Ecole que chacun, officier, sous-officier ou simple Garde, trouvera les élémens d'une instruction solide; car, en fait de manœuvres comme dans les sciences et dans les arts, il faut d'abord se bien pénétrer des premiers principes : toute autre marche est essen-

---

(1) Si l'on m'objectait que les figures gravées sont plus mathématiques, je répondrais que toutes n'ont pas le même degré de précision. Pour preuve je prends celle qui représente un peloton qui se forme *sur la droite par file en bataille :* elle est en opposition manifeste avec ce principe, « la ligne de ba-« taille est *parallèle* à la direction du peloton en marche, et les hommes, « après avoir tourné à droite, se dirigent *perpendiculairement* vers cette « ligne. » Parmi les nombreuses copies des cuivres originaux, aucune n'a manqué de répéter cette faute.

tiellement vicieuse et ne fait acquérir que des connais-
sances superficielles.

Dans la seconde partie de ce *Cours* (Ecole de bataillon),
je suivrai scrupuleusement la ligne que je me suis tracée :
heureux si mes efforts pour activer, en la facilitant, l'instruction de la milice citoyenne dans les rangs de laquelle je m'honore d'occuper une place, sont couronnés
de quelque succès (1).

Une *Instruction sur le service dans les postes* termine
cette première partie. Je me suis étudié à la circonscrire
dans des bornes étroites, afin de ne pas effrayer les lecteurs par une foule de détails et de prescriptions super-
flues pour le plus grand nombre d'entre eux.

Enfin, j'ai placé en tête de mon travail la nouvelle loi
relative à l'organisation et à la discipline de la Garde
Nationale, parce qu'elle en est un appendice nécessaire.

---

(1) On peut tirer un bon parti de la méthode adoptée dans cet ouvrage :
c'est de répéter sur une table, avec des dominos ou tout autre objet jugé plus
convenable, chacun des mouvemens figurés, en suivant la progression article
par article. La pratique développera sûrement l'instruction acquise par ce
procédé. — De simples lignes tracées avec de la craie sur une ardoise ou sur
une planche noircie mèneraient au même résultat.

VALEUR DES SIGNES.

▬▬ Capitaine (chef de peloton). A la droite du premier rang.

◥◣ Lieutenant (chef de la deuxième section). Derrière le centre de la deuxième section.

◼◤ Sous-lieutenant. Derrière le centre de la première section.

▲▼◢ Sergent-major. A hauteur de la droite de la deuxième section.

■■ Premier sergent (sous-officier de remplacement ou guide de droite). Derrière le capitaine, à la droite du troisième rang.

■■■ Deuxième sergent (guide de gauche). Derrière l'avant-dernière file de gauche du peloton.

▬▬ Troisième sergent. Derrière l'avant-dernière file de gauche de la première section.

▮▮▮ Quatrième sergent. A la droite du sous-lieutenant, et à la hauteur de la seconde file de droite du peloton.

▲▼▼ Fourrier. A la gauche du quatrième sergent, lorsqu'il n'est pas à la garde du drapeau.

LOI

SUR L'ORGANISATION

DE LA

GARDE NATIONALE.

TITRE Ier.

Dispositions générales.

Art. 1. La garde nationale est instituée pour défendre la royauté constitutionnelle, la Charte et les droits qu'elle a consacrés, pour maintenir l'obéissance aux lois, conserver ou rétablir l'ordre et la paix publique, seconder l'armée de ligne dans la défense des frontières et des côtes, assurer l'indépendance de la France et l'intégrité de son territoire.

Toute délibération prise par la garde nationale sur les affaires de l'Etat, du département et de la commune, est une atteinte à la liberté publique et un délit contre la chose publique et la constitution.

2. La garde nationale est composée de tous les Français : sauf les exceptions ci-après.

3. Le service de la garde nationale consiste :

1° En service ordinaire dans l'intérieur de la commune ;

2° En service de détachement hors du territoire de la commune ;

3° En service de corps détachés pour seconder l'armée de ligne, dans les limites fixées par l'article 1er.

4. Les gardes nationales seront organisées dans tout le Royaume : elles le seront par communes.

Les compagnies communales d'un canton seront formées en bataillons cantonaux lorsqu'une ordonnance du Roi l'aura prescrit.

a

5. Cette organisation sera permanente; toutefois le Roi pourra suspendre ou dissoudre la garde nationale en des lieux déterminés.

Dans ces deux cas, la garde nationale sera remise en activité ou réorganisée dans l'année qui s'écoulera, à compter du jour de la suspension ou de la dissolution, s'il n'est pas intervenu une loi qui prolonge ce délai.

Dans le cas où la garde nationale résisterait aux réquisitions légales des autorités, ou bien s'immiscerait dans les actes des autorités municipales, administratives ou judiciaires, le préfet pourra provisoirement la suspendre.

Cette suspension n'aura d'effet que pendant deux mois, si, pendant cet espace de temps, elle n'est pas maintenue, ou si la dissolution n'est pas prononcée par le Roi.

6. Les gardes nationales sont placées sous l'autorité des maires, des sous-préfets, des préfets et du ministre de l'intérieur.

Lorsque la garde nationale sera réunie, en tout ou en partie, au chef-lieu du canton ou dans une autre commune que le chef-lieu du canton, elle sera sous l'autorité du maire de la commune où sa réunion aura lieu d'après les ordres du sous-préfet ou du préfet.

Sont exceptés les cas déterminés par les lois, où les gardes nationales sont appelées à faire, dans leur commune ou leur canton, un service d'activité militaire, et sont mises, par l'autorité civile, sous les ordres de l'autorité militaire.

7. Les citoyens ne pourront ni prendre les armes, ni se rassembler en état de gardes nationales, sans l'ordre des chefs immédiats, ni ceux-ci l'ordonner sans une réquisition de l'autorité civile, dont il sera donné communication à la tête de la troupe.

8. Aucun officier ou commandant de poste de la garde nationale ne pourra faire distribuer des cartouches aux citoyens armés, si ce n'est en cas de réquisition précise; autrement, il demeurera responsable des événemens.

TITRE II.

SECTION PREMIÈRE.

De l'obligation du service.

9. Tous les Français, âgés de vingt à soixante ans, sont

appelés au service de la garde nationale, dans le lieu de leur domicile réel : ce service est obligatoire et personnel, sauf les exceptions qui seront établies ci-après.

10. Pourront être appelés à faire le service les étrangers admis à la jouissance des droits civils, conformément à l'article 13 du Code civil, lorsqu'ils auront acquis, en France, une propriété, ou qu'ils y auront formé un établissement.

11. Le service de la garde nationale est incompatible avec les fonctions des magistrats qui ont le droit de requérir la force publique.

12. Ne seront pas appelés à ce service,

1º Les ecclésiastiques engagés dans les ordres, les ministres des différens cultes, les élèves des grands séminaires et des facultés de théologie ;

2º Les militaires des armées de terre et de mer en activité de service, ceux qui auront reçu une destination des ministres de la guerre ou de la marine, les administrateurs ou agens commissionnés des services de terre et de mer également en activité, les ouvriers des ports, des arsenaux et des manufactures d'armes, organisés militairement ;

Ne sont pas compris dans cette dispense les commis et employés des bureaux de la marine au-dessous du grade de sous-commissaire ;

3º Les officiers, sous-officiers et soldats des gardes municipales et autres corps soldés ;

4º Les préposés des services actifs des douanes, des octrois, des administrations sanitaires ; les gardes champêtres et forestiers.

13. Sont exemptés du service de la garde nationale les concierges des maisons d'arrêt, les geôliers, les guichetiers et autres agens subalternes de justice ou de police.

Le service de la garde nationale est interdit aux individus privés de l'exercice des droits civils, conformément aux lois.

Sont exclus de la garde nationale :

1º Les condamnés à des peines afflictives ou infamantes ;

2º Les condamnés en police correctionnelle pour vol, pour escroquerie, pour banqueroute simple, abus de confiance, pour soustraction commise par des dépositaires publics, et pour attentats aux mœurs, prévus par les art. 331 et 334 du Code pénal ;

3° Les vagabonds ou gens sans aveu, déclarés tels par jugement.

SECTION II.

De l'inscription au registre—matricule.

14. Les Français appelés au *service* de la garde nationale seront inscrits sur un registre-matricule établi dans chaque commune.

A cet effet des listes de recensement seront dressées par le maire, et révisées par un conseil de recensement, comme il est dit ci-après.

Ces listes seront déposées au secrétariat de la mairie. Les citoyens seront avertis qu'ils peuvent en prendre connaissance.

15. Il y aura au moins un conseil de recensement par commune dans les communes rurales; et dans les villes qui ne forment pas plus d'un canton, le conseil municipal, présidé par le maire, remplira les fonctions du conseil de recensement.

Dans les villes qui renferment plusieurs cantons, le conseil municipal pourra s'adjoindre un certain nombre de personnes choisies à nombre égal, dans les divers quartiers, parmi les citoyens qui sont ou qui seront appelés à faire le service de la garde nationale.

Le conseil municipal et les membres adjoints pourront se subdiviser, suivant les besoins, en autant de conseils de recensement qu'il y aura d'arrondissemens.

Dans ce cas l'un des conseils sera présidé par le maire; chacun des autres le sera par l'adjoint ou le membre du conseil municipal délégué par le maire.

Ces conseils seront composés de huit membres au moins.

A Paris, il y aura. par arrondissement, un conseil de recensement présidé par le maire de l'arrondissement, et composé de huit membres choisis par lui, comme il est dit au troisième paragraphe de cet article.

16. Le conseil de recensement procédera immédiatement à la révision des listes et à l'établissement du registre matricule.

17. Au mois de janvier de chaque année, le conseil de recensement inscrira au registre-matricule les jeunes gens

qui seront entrés dans leur vingtième année pendant le cours de l'année précédente, ainsi que les Français qui auront nouvellement acquis leur domicile dans la commune; il rayera dudit registre les Français qui seront entrés dans leur soixantième année pendant le cours de la même année, ceux qui auront changé de domicile, et les décédés.

18. Dans le courant de chaque année, le maire notera en marge du registre-matricule les mutations provenant, 1° des décès; 2° des changemens de résidence; 3° des actes en vertu desquels les personnes désignées dans les articles 11, 12 et 13 auraient cessé d'être soumises au service de la garde nationale, ou en seraient exclues.

Le conseil de recensement, sur le vu des pièces justificatives, prononcera, s'il y a lieu, la radiation.

Le registre matricule, déposé au secrétariat de la mairie, sera communiqué à tout habitant de la commune, qui en fera la demande au maire.

TITRE III.

Du service ordinaire.

SECTION PREMIÈRE.

De l'inscription au contrôle du service ordinaire et de réserve.

19. Après avoir établi le registre-matricule, le conseil de recensement procédera à la formation du contrôle de service ordinaire et du contrôle de réserve.

Le contrôle de service ordinaire comprendra tous les citoyens que le conseil de recensement jugera pouvoir concourir au service habituel.

Néanmoins, parmi les Français inscrits sur le registre-matricule, ne pourront être portés sur le contrôle du service ordinaire que ceux qui sont imposés à la contribution personnelle, et leurs enfans, lorsqu'ils auront atteint l'âge fixé par la loi; ou les gardes nationaux non imposés à la contribution personnelle, mais qui, ayant fait le service postérieurement au 1er août dernier, voudront le continuer.

Le contrôle de réserve comprendra tous les citoyens pour lesquels le service habituel serait une charge trop onéreuse, et qui ne devront être requis que dans les circonstances extraordinaires.

20. Ne seront pas portés sur les contrôles du service ordinaire, les domestiques attachés au service de la personne.

21. Les compagnies et subdivisions de compagnies sont
formées sur les contrôles du service ordinaire. Les citoyens
inscrits sur les contrôles de réserve seront répartis à la suite
desdites compagnies ou subdivisions de compagnies, de manière à pouvoir y être incorporés au besoin.

22. Les inscriptions et les radiations à faire sur les contrôles, auront lieu d'après les règles suivies pour les inscriptions et radiations opérées sur les registres-matricules.

23. Il sera formé, à la diligence du juge de paix, dans
chaque canton, un jury de révision, composé du juge de
paix, président, et de douze jurés désignés par le sort, sur
la liste de tous les officiers, sous-officiers, caporaux et
gardes nationaux, sachant lire et écrire, et âgés de plus de
vingt-cinq ans.

Il sera dressé une liste par commune de tous les officiers,
sous-officiers, caporaux et gardes nationaux ainsi désignés;
le tirage définitif des jurés sera fait sur l'ensemble de ces
listes pour tout le canton.

24. Le tirage des jurés sera fait par le juge de paix, en audience publique. Les fonctions de jurés et celles de membres
du conseil de recensement sont incompatibles.

Les jurés seront renouvelés tous les six mois.

25. Ce jury prononcera sur les réclamations relatives,

1° A l'inscription *ou à la radiation* sur les registres-matricules, ainsi qu'il est dit art. 14;

2° A l'inscription ou à l'omission sur le contrôle du service ordinaire.

Seront admises les réclamations des tiers gardes nationaux sur qui retomberait la charge du service.

Ce jury exercera, en outre, les attributions qui lui seront spécialement confiées par les dispositions subséquentes
de la présente loi.

26. Le jury ne pourra prononcer qu'au nombre de sept
membres au moins, y compris le président.

Ses décisions seront prises à la majorité absolue, et ne
seront susceptibles d'aucun recours.

SECTION II.

Des Remplacemens, des Exemptions, des Dispenses du service
ordinaire.

27. Le service de la garde nationale étant obligatoire et
personnel, le remplacement est interdit pour le service ordinaire, si ce n'est entre les proches parens ; savoir : du
père par le fils, du frère par le frère, de l'oncle par le ne-
veu, et réciproquement, ainsi qu'entre alliés aux mêmes
degrés, à quelque compagnie ou bataillon qu'appartiennent
les parens et les alliés.

Les gardes nationaux de la même compagnie, qui ne sont
parens ni alliés aux degrés ci-dessus désignés, pourront seulement échanger leur tour de service.

28. Peuvent se dispenser du service de la garde nationale, nonobstant leur inscription ;

1° Les membres des deux Chambres ;

2° Les membres des cours et tribunaux ;

3° Les anciens militaires qui ont cinquante ans d'âge et
vingt années de service ;

4° Les gardes nationaux ayant cinquante-cinq ans ;

5° Les facteurs de poste aux lettres et les agens des lignes
télégraphiques, et les postillons de l'administration des
postes reconnus nécessaires au service.

29. Sont dispensées du service ordinaire les personnes
qu'une infirmité met hors d'état de faire ce service.

Toutes ces dispenses, et toutes les autres dispenses tem-
poraires demandées pour cause d'un service public, seront
prononcées par le conseil de recensement, sur le vu des
pièces qui en constateront la nécessité.

Les absences constatées seront un motif suffisant de dispense temporaire.

En cas d'appel, le jury de révision statuera.

SECTION III.

Formation de la Garde Nationale, Composition des Cadres.

30. La garde nationale sera formée, dans chaque commune, par subdivision de compagnie, par compagnie, par
bataillon et par légion.

La cavalerie de la garde nationale sera formée, dans

chaque commune ou dans le canton, par subdivision d'es-cadron et par escadron.

Chaque bataillon aura son drapeau, et chaque escadron son étendard.

31. Dans chaque commune, la formation en compagnies se fera de la manière suivante :

Dans les villes, chaque compagnie sera composée, autant que possible, des gardes nationaux du même quartier; dans les communes rurales, les gardes nationaux de la même commuue forment une ou plusieurs compagnies, ou une subdivision de compagnie.

32. La répartition en compagnies ou en subdivisions de compagnies des gardes nationaux inscrits sur le contrôle du service ordinaire sera faite par le conseil de recensement.

§ Ier. — Formation des Compagnies.

33. Il y aura par subdivision de compagnie de gardes na-tionaux à pied de toutes armes :

	Nombre total d'hommes.				
	Jusqu'à 14.	de 15 à 20.	20 à 30.	30 à 40.	40 à 50.
Lieutenans.	»	»	»	1	1
Sous-lieutenans.	»	1	1	1	1
Sergens.	1	1	2	2	3
Caporaux.	1	2	4	4	6
Tambours.	»	»	»	1	1

34. La force ordinaire des compagnies sera de soixante à deux cents hommes; néanmoins la commune qui n'aura que cinquante à soixante gardes nationaux, formera une com-pagnie..

35. Il y aura par compagnie de gardes nationales à pied, de toutes armes :

	Nombre total d'hommes.			
	De 50 à 80.	80 à 100.	100 à 140.	140 à 200.
Capitaine en 1er.	1	1	1	1
Capitaine en 2e.	»	»	»	1
Lieutenans.	1	1	2	2
Sous-lieutenans	1	2	2	2
Sergent-major.	1	1	1	1
Sergent-fourrier.	1	1	1	1
Sergens.	4	6	6	8
Caporaux.	8	12	12	16
Tambours.	1	2	2	2

36. Il pourra être formé une garde à cheval dans les cantons ou communes où cette formation serait jugée utile au service, et où se trouveraient au moins dix gardes nationaux qui s'engageraient à s'équiper à leurs frais, et à entretenir chacun un cheval.

37. Il y aura par subdivision d'escadron et par escadron :

Nombre total d'hommes.

	Jusqu'à 17.	17 à 30.	30 à 40.	40 à 50.	50 à 70.	70 à 100.	100 à 120 et au-dessus.
Cap. en 1er.	»	»	»	»	»	1	1
Cap. en 2^e	»	»	»	»	»	»	1
Lieutenans	»	»	1	1	1	2	2
Sous-lieut.	»	1	1	1	2	2	2
Mar. d.-l.-ch.	»	»	»	»	»	1	1
Fourrier.	»	»	»	»	»	1	1
Mar.-de-log.	1	2	2	3	4	4	8
Brigadiers.	2	4	4	6	8	8	16
Trompettes.	»	»	1	1	1	1	2

38. Dans toutes les places de guerre, et dans les cantons voisins des côtes, il sera formé des compagnies ou des subdivisions de compagnie d'artillerie.

A Paris, et dans les autres villes, une ordonnance du roi pourra prescrire la formation et l'armement de compagnies ou de subdivisions de compagnie d'artillerie. L'ordonnance réglera l'organisation, la réunion ou la répartition des compagnies,

39. Les artilleurs seront choisis, par le conseil de recensement, parmi les gardes nationaux qui se présenteraient volontairement, et qui réuniraient, autant que possible, les qualités exigées pour entrer dans l'artillerie.

40. Partout où il n'existe pas de corps soldés de sapeurs-pompiers, il sera, autant que possible, formé, par le conseil de recensement, des compagnies ou subdivisions de compagnies de sapeurs-pompiers volontaires faisant partie de la garde nationale. Elles seront composées principalement d'anciens officiers et soldats du génie militaire, d'officiers et agens des ponts-et-chaussées et des mines, et d'ouvriers d'art.

41. Dans les ports de commerce et dans les cantons maritimes, il pourra être formé des compagnies spéciales

de marins et d'ouvriers marins, ayant pour service ordinaire la protection des navires et du matériel maritime situé sur les côtes et dans les ports.

42. Toutes les compagnies spéciales concourront, par armes, et suivant leur force numérique, au service ordinaire de la garde nationale.

§ 2. — Formation des Bataillons.

43. Le bataillon sera formé de quatre compagnies au moins et huit au plus.

44. L'état-major du bataillon sera composé de
Un chef de bataillon,
Un adjudant-major capitaine,
Un porte drapeau sous-lieutenant,
Un chirurgien aide-major,
Un adjudant sous-officier,
Un tambour-maître.

A Paris, lorsque la force effective d'un bataillon sera de mille hommes et plus, il pourra y avoir un chef de bataillon en second et un deuxième adjudant-sous-officier.

45. Dans toutes les communes où le nombre des gardes nationaux inscrits sur le contrôle du service ordinaire s'élèvera à plus de cinq cents hommes, la garde nationale sera formée par bataillons.

Lorsque, dans le cas prévu par l'article 4, une ordonnance du Roi aura prescrit la formation en bataillons des gardes nationales de plusieurs communes, cette ordonnance indiquera les communes dont les gardes nationales doivent participer à la formation du même bataillon.

La compagnie ou les compagnies d'une commune ne pourront jamais être réparties dans les bataillons différens.

46. Les bataillons formés par les gardes nationales d'une même commune pourront seuls avoir chacun une compagnie de grenadiers et une de voltigeurs.

47. Les compagnies de sapeurs-pompiers et de canonniers volontaires ne seront pas comprises dans la formation des bataillons de gardes nationales; elles seront cependant, ainsi que les compagnies de cavalerie, sous les ordres du commandant de la garde communale ou cantonnale.

§ 3. — Formation des Légions.

48. Dans les cantons et dans les villes où la garde nationale présente au moins deux bataillons de cinq cents hommes chacun, elle pourra, d'après une ordonnance du Roi, être réunie par légions.

Dans aucun cas, la garde nationale ne pourra être formée par département ni par arrondissement de sous-préfecture.

49. L'état-major d'une légion sera composé de
Un chef de légion colonel,
Un lieutenant-colonel,
Un major chef de bataillon,
Un chirurgien-major,
Un tambour-major.

A Paris et dans les villes où la nécessité en sera reconnue, il pourra y avoir près des légions un officier payeur et un capitaine d'armement.

De la Nomination aux grades.

50. Dans chaque commune, les gardes nationaux appelés à former une compagnie ou subdivision de compagnie se réuniront, sans armes et sans uniforme, pour procéder, en présence du président du conseil de recensement, assisté par les deux membres les plus âgés de ce conseil, à la nomination de leurs officiers, sous-officiers et caporaux, suivant les tableaux des art. 33, 35 et 37.

Si plusieurs communes sont appelées à former une compagnie, les gardes nationaux de ces communes se réuniront dans la commune la plus populeuse pour nommer leur capitaine, leur sergent-major et leur fourrier.

51. L'élection des officiers aura lieu pour chaque grade successivement, en commençant par le plus élevé, au scrutin individuel et secret, à la majorité absolue des suffrages.

Les sous-officiers et caporaux seront nommés à la majorité relative.

Le scrutin sera dépouillé par le président du conseil de recensement, assisté, comme il est dit dans l'article précédent, par au moins deux membres de ce conseil, lesquels rempliront les fonctions de scrutateurs.

52. Dans les villes et communes qui ont plus d'une com-

pagnie, chaque compagnie sera appelée séparément et tour-
à-tour pour procéder à ses élections.

53. Pour nommer le chef de bataillon et le porte-drapeau, tous les officiers du bataillon réunis à pareil nombre
de sous-officiers, caporaux ou gardes nationaux, formeront
une assemblée convoquée et présidée par le maire de la commune, si le bataillon est communal, et par le maire délégué
du sous-préfet, si le bataillon est cantonnal.

Les sous-officiers, caporaux et gardes nationaux chargés
de concourir à l'élection, seront nommés dans chaque compagnie.

Tous les scrutins d'élection seront individuels et secrets;
il faudra la majorité absolue des suffrages.

54. Les réclamations élevées relativement à l'inobserva-
tion des formes prescrites pour l'élection des officiers et
sous-officiers, seront portées devant le jury de révision, qui
décidera sans recours.

55. Si les officiers de tout grade, élus conformément à la
loi, ne sont pas, au bout de deux mois, complètement armés, équipés et habillés, suivant l'uniforme, ils seront considérés comme démissionnaires, et remplacés sans délai.

56. Les chefs de légion et les lieutenans-colonels seront
choisis par le roi, sur une liste de dix candidats présentés à
la majorité relative par la réunion 1° de tous les officiers de
la légion, 2° de tous les sous-officiers, caporaux et gardes
nationaux désignés dans chacun des bataillons de la légion
pour concourir au choix du chef de bataillon, comme il est
dit, art. 53.

57. Les majors, les adjudans-majors, chirurgiens-majors
et *aides-majors* seront nommés par le roi.

L'adjudant sous-officier sera nommé par le chef de légion
ou de bataillon.

Le capitaine d'armement et l'officier payeur seront nommés par le commandant supérieur ou le préfet, sur la présentation du chef de légion.

58. Il sera nommé aux emplois, autres que ceux désignés ci-dessus, sur la présentation du chef de corps,
savoir :

Par le maire, lorsque la garde nationale sera communale,
Et par le sous-préfet, pour les bataillons cantonnaux.

59. Dans chaque commune, le maire fera reconnaître à

la garde nationale assemblée sous les armes, le commandant de cette garde. Celui-ci, en présence du maire, fera
reconnaître les officiers.

Les fonctions du maire seront remplies, à Paris, par le
préfet.

Pour les compagnies et bataillons qui comprennent plusieurs communes, le sous-préfet ou son délégué fera reconnaître l'officier commandant en présence de la compagnie
ou du bataillon assemblé.

Dans le mois de la promulgation de la loi, les officiers de
tout grade, actuellement en fonctions, et à l'avenir ceux
nouvellement élus au moment où ils seront reconnus, prête-
ront serment de fidélité au roi des Français, et d'obéissance
à la Charte constitutionnelle et aux lois du royaume.

60. Les officiers, sous-officiers et caporaux seront élus
pour trois ans. Ils pourront être réélus.

61. Sur l'avis du maire et du sous-préfet, tout officier
de la garde nationale pourra être suspendu de ses fonctions
pendant deux mois, par arrêté motivé du préfet pris en conseil de préfecture, l'officier préalablement entendu dans ses
observations.

L'arrêté du préfet sera transmis immédiatement par lui
au ministre de l'intérieur.

Sur le rapport du ministre, la suspension pourra être
prolongée par une ordonnance du Roi.

Si, dans le cours d'une année, ledit officier n'a pas été
rendu à ses fonctions, il sera procédé à une nouvelle élection.

62. Aussitôt qu'un emploi quelconque deviendra vacant,
il sera pourvu au remplacement, suivant les formes établies
par la présente loi.

63. Les corps spéciaux suivront, pour leur formation et
pour l'élection de leurs officiers, sous-officiers et caporaux,
les règles prescrites par les art. 33 et suivans.

64. Dans les communes où la garde nationale formera
plusieurs légions, le roi pourra nommer un commandant supérieur; mais il ne pourra être nommé de commandant supérieur des gardes nationales de tout un département, ou
d'un même arrondissement de sous-préfecture.

Cette disposition n'est pas applicable au département de
la Seine.

65. Lorsque le Roi aura jugé à propos de nommer, dans une commune, un commandant supérieur, l'état-major sera fixé, quant au nombre et aux grades des officiers qui devront le composer, par une ordonnance du Roi.

Les officiers d'état-major seront nommés par le Roi, sur la présentation du commandant supérieur, qui ne pourra choisir les candidats que parmi les gardes nationaux de la commune.

66. Il ne pourra y avoir dans la garde nationale aucun grade sans emploi.

67. Aucun officier exerçant un emploi actif dans les armées de terre et de mer ne pourra être nommé officier ni commandant supérieur des gardes nationales en service ordinaire.

SECTION V.
De l'Uniforme, des Armes et des Préséances.

68. L'uniforme des gardes nationales sera déterminé par une ordonnance du Roi. Les signes distinctifs des grades seront les mêmes que ceux de l'armée.

69. Lorsque le Gouvernement jugera nécessaire de délivrer des armes de guerre aux gardes nationales, le nombre d'armes reçu sera constaté dans chaque municipalité, au moyen d'états émargés par les gardes nationaux à l'instant où les armes leur seront délivrées.

L'entretien de l'armement est à la charge du garde national, et les réparations, en cas d'accident causé par le service, sont à la charge de la commune.

Les gardes nationaux et les communes sont responsables des armes qui leur auront été délivrées; ces armes restent la propriété de l'Etat.

Les armes seront poinçonnées et numérotées.

70. Les diverses armes dont se compose la garde nationale seront assimilées, pour le rang à conserver entre elles, ux armes correspondantes des forces régulières.

71. Toutes les fois que la garde nationale sera réunie, les différens corps prendront la place qui leur sera assignée par le commandant supérieur.

72. Dans tous les cas où les gardes nationales serviront avec les corps soldés, elles prendront le rang sur eux.

Le commandement, dans les fêtes ou cérémonies civiles,

appartiendra à celui des officiers des divers corps qui aura la supériorité du grade , ou , à grade égal , à celui qui sera le plus ancien.

Ordre du Service ordinaire.

73. Le réglement relatif au service ordinaire , aux revues et aux exercices , sera arrêté par le maire sur la proposition du commandant de la garde nationale , et approuvé par le sous-préfet.

Les chefs pourront, en se conformant à ce réglement et sans réquisition particulière, mais après en avoir prévenu l'autorité municipale , faire toutes les dispositions et donner tous les ordres relatifs au service ordinaire, aux revues et aux exercices.

Dans les villes de guerre, la garde nationale ne pourra prendre les armes ni sortir des barrières , qu'après que le maire en aura informé par écrit le commandant de la place.

74. Lorsque la garde nationale des communes sera orga- nisée en bataillons cantonnaux , le réglement sur les exer- cices *et revues* sera arrêté par le sous-préfet , sur la proposi- tion de l'officier le plus élevé en grade du canton , et sur l'avis des maires des communes.

75. Le préfet pourra suspendre les revues et exercices dans les communes et dans les cantons de son département , à la charge d'en rendre immédiatement compte au ministre de l'intérieur.

76. Pour l'ordre du service , il sera dressé par les ser- gens-majors , un contrôle de chaque compagnie , signé du capitaine , et indiquant les jours où chaque garde national aura fait un service.

77. Dans les communes où la garde nationale est organi- sée par bataillon , l'adjudant-major tiendra un état , par compagnie, des hommes commandés chaque jour dans son bataillon.

Cet état servira à contrôler le rôle de chaque compagnie.

78. Tout garde national commandé pour le service de- vra obéir, sauf à réclamer, s'il s'y croit fondé, devant le chef du corps.

SECTION VII.

De l'Administration.

79. La garde nationale est placée, pour son administration et sa comptabilité, sous l'autorité administrative et municipale.

Les dépenses de la garde nationale sont votées, réglées et surveillées comme toutes les autres dépenses municipales.

80. Il y aura dans chaque légion, ou dans chaque bataillon, formé par les gardes nationaux d'une même commune, un conseil d'administration chargé de présenter annuellement au maire l'état des dépenses nécessaires, et de viser les pièces justificatives de l'emploi fait des fonds.

Le conseil sera composé du commandant de la garde nationale, qui présidera, et de six membres choisis parmi les officiers, sous-officiers et gardes nationaux.

Il y aura également par bataillon cantonnal, un conseil d'administration chargé des mêmes fonctions, et qui devra présenter au préfet l'état des dépenses résultant de la formation du bataillon.

Les membres du conseil d'administration seront nommés par le préfet, sur une liste triple de candidats présentés par le chef de légion, ou par le chef de bataillon dans les communes où il n'est pas formé de légion.

Dans les communes où la garde nationale comprendra une ou plusieurs compagnies non réunies en bataillon, l'état des dépenses sera soumis au maire par le commandant de la garde nationale.

81. Les dépenses ordinaires de la garde nationale sont :

1° Les frais d'achat des drapeaux, des tambours et des trompettes ;

2° La partie d'entretien des armes qui ne sera pas à la charge individuelle des gardes nationaux ;

3° Les frais de registres, papiers, contrôles, billets de garde, et tous les menus frais de bureau qu'exigera le service de la garde nationale.

Les dépenses extraordinaires sont :

1° Dans les villes qui, d'après l'art. 64, recevront un commandant supérieur, les frais d'indemnités pour dépenses indispensables de ce commandant et de son état-major ;

2° Dans les communes et les cantons où seront formés des bataillons ou légions, les appointemens des majors, adjudans-majors et adjudans-sous-officiers, si ces fonctions ne peuvent pas être exercées gratuitement;

3° L'habillement et la solde des tambours et trompettes.

Les conseils municipaux jugeront de la nécessité de ces dépenses.

Lorsqu'il sera créé des bataillons cantonnaux, la répartition de la portion afférente à chaque commune du canton, dans les dépenses du bataillon, autres que celles des compagnies, sera faite par le préfet en conseil de préfecture, après avoir pris l'avis des conseils municipaux.

SECTION VIII.

§ 1er. — Des Peines.

82. Les chefs de postes pourront employer, contre les gardes nationaux de service, les moyens de répression qui suivent :

1° Une faction hors de tour, contre tout garde national qui aura manqué à l'appel, ou se sera absenté du poste sans autorisation;

2° La détention dans la prison du poste, jusqu'à la relevée de la garde, contre tout garde national de service en état d'ivresse, ou qui se sera rendu coupable de bruit, tapage, voies de fait, ou de provocation au désordre ou à la violence; sans préjudice du renvoi au conseil de discipline, si la faute emporte une punition plus grave.

83. Sur l'ordre du chef du corps, indépendamment du service régulièrement commandé, et que le garde national, le caporal ou le sous-officier, doit accomplir, il sera tenu de monter une garde hors de tour, lorsqu'il aura manqué, pour la première fois, au service.

84. Les conseils de discipline pourront, dans les cas énumérés ci-après, infliger les peines suivantes :

1° La réprimande;

2° Les arrêts pour *trois jours* au plus;

3° La réprimande avec mise à l'ordre :

4° La prison pour *trois jours* au plus;

5° La privation du grade.

6° Si dans les communes où s'étend la juridiction du conseil de discipline, il n'existe ni prison, ni local pouvant en tenir lieu, le conseil pourra commuer la peine de prison en une amende d'une journée à dix journées de travail.

85. Sera puni de la réprimande, l'officier qui aura commis une infraction, même légère, aux règles du service.

86. Sera puni de la réprimande avec mise à l'ordre, l'officier qui, étant de service ou en uniforme, tiendra une conduite propre à porter atteinte à la discipline de la garde nationale ou à l'ordre public.

87. Sera puni des arrêts ou de la prison, suivant la gravité des cas, tout officier qui, étant de service, se sera rendu coupable des fautes suivantes :

1° La désobéissance et l'insubordination ;

2° Le manque de respect, les propos offensans, et les insultes envers des officiers d'un grade supérieur ;

3° Tout propos outrageant envers un subordonné et tout abus d'autorité ;

4° Tout manquement à un service commandé ;

5° Toute infraction aux règles du service.

88. Les peines énoncées dans les articles 85 et 86 pourront, dans les mêmes cas, et suivant les circonstances, être appliquées aux sous-officiers, caporaux et gardes nationaux.

89. Pourra être puni de la prison, pendant un temps qui ne pourra excéder deux jours, et en cas de récidive trois jours,

1° Tout sous-officier, caporal et garde national coupable de désobéissance et d'insubordination, ou qui aura refusé pour la seconde fois un service d'ordre et de sûreté ;

2° Tout sous-officier, caporal et garde national qui, étant de service, sera dans un état d'ivresse, ou tiendra une conduite qui porte atteinte à la discipline de la garde nationale ou à l'ordre public.

3° Tout garde national qui, étant de service, aura abandonné ses armes ou son poste avant qu'il ne soit relevé.

90. Sera privé de son grade tout officier, sous-officier ou caporal qui, après avoir subi une condamnation du conseil de discipline, se rendra coupable d'une faute qui entraîne l'emprisonnement, s'il s'est écoulé moins d'un an depuis la première condamnation. Pourra également être privé de son grade tout officier, sous-officier et caporal qui aura abandonné son poste avant qu'il ne soit relevé.

Tout officier, sous-officier et caporal privé de son grade, par jugement, ne pourra être réélu qu'aux élections générales.

91. Le garde national prévenu d'avoir vendu à son profit les armes de guerre, ou les effets d'équipement qui lui ont été confiés par l'État ou par les communes, sera renvoyé devant le tribunal de police correctionnelle, pour y être poursuivi à la diligence du ministère public, et puni, s'il y a lieu, de la peine portée en l'article 408 du Code pénal, sauf l'application, le cas échéant, de l'article 463 dudit Code.

Le jugement de condamnation prononcera la restitution, au profit de l'État ou de la commune, du prix des armes ou effets vendus.

92. Tout garde national qui *dans l'espace d'une année*, aura subi deux condamnations du conseil de discipline pour refus de service, sera, pour la troisième fois, traduit devant les tribunaux de police correctionnelle, et condamné à un emprisonnement *qui ne pourra être moindre de cinq jours ni excéder dix jours.*

En cas de récidive, l'emprisonnement ne pourra être moindre de dix jours ni excéder vingt jours.

Il sera en outre condamné aux frais et à une amende qui ne pourra être moindre de 5 francs ni excéder 15 francs dans le premier cas, et dans le deuxième être moindre de 15 francs, ni excéder 50 francs.

93. Tout chef de corps, poste ou détachement de la garde nationale, qui refusera d'obtempérer à une réquisition des magistrats ou fonctionnaires investis du droit de requérir la force publique, ou qui aura agi sans réquisition et hors des cas prévus par la loi, sera poursuivi devant les tribunaux, et puni conformément aux articles 234 et 258 du Code pénal.

La poursuite entraînera la suspension, et, s'il y a condamnation, la perte du grade.

§ 2. — Des conseils de discipline.

94. Il y aura un conseil de discipline,

1° Par bataillon communal ou cantonnal;

2° Par commune ayant une ou plusieurs compagnies non réunies en bataillon;

3° Par compagnie formée de gardes nationaux de plusieurs communes.

95. Dans les villes qui comprendront une ou plusieurs légions, il y aura un conseil de discipline pour juger les officiers supérieurs de légion et officiers d'état-major non justiciables des conseils de discipline ci-dessus.

96. Le conseil de discipline de la garde nationale d'une commune ayant une ou plusieurs compagnies non réunies en bataillon, et celui d'une compagnie formée de gardes nationaux de plusieurs communes, seront composés de cinq juges; savoir :

Un capitaine, président; un lieutenant ou un sous-lieutenant, un sergent, un caporal et un garde national.

97. Le conseil de discipline du bataillon sera composé de sept juges; savoir : le chef de bataillon, président; un capitaine, un lieutenant ou un sous-lieutenant, un sergent, un caporal et deux gardes nationaux.

98. Le conseil de discipline, pour juger les officiers supérieurs et officiers d'état-major, sera composé de sept juges, savoir, d'un chef de légion, président, de deux chefs de bataillon, deux capitaines, et deux lieutenans ou sous-lieutenans.

99. Lorsqu'une compagnie sera formée des gardes nationaux de plusieurs communes, le conseil de discipline siégera dans la commune la plus populeuse.

100. Dans le cas où le prévenu serait officier, deux officiers du grade du prévenu entreront dans le conseil de discipline, et remplaceront les deux derniers membres.

S'il n'y a pas dans la commune deux officiers du grade du prévenu, le sous-préfet les désignera par la voie du sort, parmi ceux du canton, et s'il ne s'en trouve pas dans le canton parmi ceux de l'arrondissement.

S'il s'agit de juger un chef de bataillon, le préfet désignera par la voie du sort, deux chefs de bataillon des cantons ou des arrondissemens circonvoisins.

101. Il y aura, par conseil de discipline de bataillon ou de légion, un rapporteur ayant rang de capitaine ou de lieutenant, et un secrétaire ayant rang de lieutenant ou de sous-lieutenant.

Dans les villes où il se trouvera plusieurs légions, il y aura, par conseil de discipline, un rapporteur-adjoint et un secrétaire-adjoint, du grade inférieur à celui du rapporteur et du secrétaire.

102. Lòrsque la garde nationale d'une commune ne formera qu'une ou plusieurs compagnies non réunies en bataillon, un officier ou un sous-officier remplira les fonctions de rapporteur, et un sous-officier celles de secrétaire du conseil de discipline.

103. Le sous-préfet choisira l'officier ou les sous-officiers rapporteurs et secrétaires du conseil de discipline, sur des listes de trois candidats désignés par le chef de légion, ou, s'il n'y a pas de légion, par le chef de bataillon.

Dans les communes où il n'y a pas de bataillon, des listes de candidats seront dressées par le plus ancien capitaine.

Les rapporteurs, rapporteurs-adjoints, secrétaires et secrétaires-adjoints seront nommés pour trois ans; ils pourront être réélus.

Le préfet, sur le rapport des maires et des chefs de corps, pourra les révoquer; il sera, dans ce cas, procédé immédiatement à leur remplacement par le mode de nomination ci-dessus indiqué.

104. Les conseils de discipline seront permanens; ils ne pourront juger que lorsque cinq membres au moins seront présens dans les conseils de bataillon et de légion, et trois membres au moins dans les conseils de compagnie. Les juges seront renouvelés tous les quatre mois. Néanmoins, lorsqu'il n'y aura pas d'officier du même grade que le président ou les juges du conseil de discipline, ceux-ci ne seront pas remplacés.

105. Le président du conseil de recensement, assisté du chef de bataillon ou du capitaine commandant, si les compagnies ne sont pas réunies en bataillon, formera, d'après le contrôle du service ordinaire, un tableau général, par grade et par rang d'âge, de tous les officiers, sous-officiers et caporaux et d'un nombre double des gardes nationaux de chaque bataillon ou compagnie de la commune, ou de la compagnie formée de plusieurs communes.

Ils déposeront ce tableau, signé par eux, au lieu des séances des conseils de discipline, où chaque garde national pourra en prendre connaissance.

106. Lorsque la garde nationale d'une commune ou d'un canton n'aura qu'un seul conseil de discipline, les gardes

nationaux faisant partie des corps d'artillerie, de sapeurs-pompiers et de cavalerie, seront justiciables de ce conseil.

S'il y a plusieurs bataillons dans le même canton; les gardes nationaux ci-dessus désignés seront justiciables du même conseil de discipline que les compagnies de leur commune.

S'il y a plusieurs bataillons dans la même commune, le préfet déterminera de quels conseils de discipline les mêmes gardes nationaux seront justiciables.

Dans ces trois cas, les officiers, sous-officiers, caporaux et gardes nationaux des corps ci-dessus désignés concourront pour la formation du tableau du conseil de discipline.

Lorsqu'en vertu d'une ordonnance du Roi les corps d'artillerie et de cavalerie seront réunis en légion, ils auront un conseil de discipline particulier.

107. Les juges de chaque grade ou gardes nationaux seront pris successivement d'après l'ordre de leur inscription au tableau.

108. Tout garde national qui aura été condamné trois fois par le conseil de discipline, ou une fois par le tribunal de police correctionnelle, sera rayé, pour une année, du tableau servant à former le conseil de discipline.

109. Toute réclamation pour être réintégré sur le tableau, ou pour en faire rayer un garde national, sera portée devant le jury de révision.

§ 3. — De l'instruction et des jugemens.

110. Le conseil de discipline sera saisi, par le renvoi que lui fera le chef de corps de tous rapports, ou procès-verbaux, ou plaintes, constatant les faits qui peuvent donner lieu au jugement de ce conseil.

111. Les plaintes, rapports et procès-verbaux seront adressés à l'officier rapporteur, qui fera citer le prévenu à la plus prochaine des séances du conseil.

Le secrétaire enregistrera les pièces ci-dessus.

La citation sera portée à domicile par un agent de la force publique.

112. Les rapports, procès-verbaux ou plaintes constatant des faits qui donneraient lieu à la mise en jugement devant le conseil de discipline, du commandant de la garde nationale d'une commune, seront adressés au maire, qui en

référera au sous-préfet. Celui-ci procédera à la composition du conseil de discipline, conformément à l'article 100.

113. Le président du conseil convoquera les membres, sur la réquisition de l'officier rapporteur, toutes les fois que le nombre et l'urgence des affaires lui paraîtront l'exiger.

114. En cas d'absence, tout membre du conseil de discipline non valablement excusé, sera condamné à une amende de cinq francs par le conseil de discipline, et il sera remplacé par l'officier, sous-officier, caporal ou garde national qui devra être appelé immédiatement après lui.

Dans les conseils de discipline des bataillons cantonnaux, le juge absent sera remplacé par l'officier, sous-officier, caporal ou garde national du lieu où siège le conseil, qui devra être appelé d'après l'ordre du tableau.

115. Le garde national cité comparaîtra en personne ou par un fondé de pouvoirs.

Il pourra être assisté d'un conseil.

116. Si le prévenu ne comparaît pas au jour et à l'heure fixés par la citation, il sera jugé par défaut.

L'opposition au jugement par défaut devra être formée dans le délai de trois jours, à compter de la notification du jugement. Cette opposition pourra être faite par déclaration au bas de la signification. L'opposant sera cité pour comparaître à la plus prochaine séance du conseil de discipline.

S'il n'y a pas opposition, ou si l'opposant ne comparaît pas à la plus prochaine séance, le jugement par défaut sera définitif.

117. L'instruction de chaque affaire devant le conseil sera publique, à peine de nullité.

La police de l'audience appartiendra au président, qui pourra faire expulser ou arrêter quiconque troublerait l'ordre.

Si le trouble est causé par un délit, il en sera dressé procès-verbal.

L'auteur du trouble sera jugé de suite par le conseil, si c'est un garde national, et si la faute n'emporte qu'une peine que le conseil puisse prononcer.

Dans tout autre cas, le prévenu sera renvoyé, et le procès verbal transmis au procureur du Roi.

118. Les débats devant le conseil auront lieu dans l'ordre suivant :

Le secrétaire appellera l'affaire.

En cas de récusation, le conseil statuera ; si la récusation est admise, le président appellera, dans les formes indiquées par l'article 114, les juges suppléans nécessaires pour compléter le conseil.

Si le prévenu décline la juridiction du conseil de discipline, le conseil statuera d'abord sur sa compétence ; s'il se déclare incompétent, l'affaire sera renvoyée devant qui de droit.

Le secrétaire lira le rapport, le procès-verbal ou la plainte et les pièces à l'appui.

Les témoins, s'il en a été appelé par le rapporteur et le prévenu, seront entendus.

Le prévenu ou son conseil sera entendu.

Le rapporteur résumera l'affaire et donnera ses conclusions.

L'inculpé ou son fondé de pouvoirs, et son conseil, pourront proposer leurs observations.

Ensuite le conseil délibérera en secret et hors de la présence du rapporteur, et le président prononcera le jugement.

119. Les mandats d'exécution de jugement des conseils de discipline seront délivrés dans la même forme que ceux des tribunaux de simple police.

120. Il n'y aura de recours contre les jugemens définitifs des conseils de discipline que devant la cour de cassation, pour incompétence, ou excès de pouvoirs ou contravention à la loi.

Le pourvoi en cassation ne sera suspensif qu'à l'égard des jugemens prononçant l'emprisonnement, et sera dispensé de la mise en état.

Dans tous les cas, ce recours ne sera assujetti qu'au quart de l'amende établie par la loi.

121. Tous actes de poursuites devant les conseils de discipline, tous jugemens, recours et arrêts rendus en vertu de la présente loi, seront dispensés du timbre, et enregistrés gratis.

122. Le garde national condamné aura trois jours francs, à partir du jour de la notification, pour se pourvoir en cassation.

TITRE IV.

*Mesures exceptionnelles et transitoires pour la garde nationale
en service ordinaire.*

123. Dans les trois mois qui suivront la promulgation de
la présente loi, il sera procédé à une nouvelle élection d'officiers, sous-officiers et caporaux, dans tous les corps de la
garde nationale.

Néanmoins le Gouvernement pourra suspendre pendant
un an la réélection des officiers dans les localités où il le
jugera convenable.

124. Le Roi pourra suspendre l'organisation de la garde
nationale pour une année, dans les communes qui forment
un ou plusieurs cantons, et dans les communes rurales pour
un temps qui ne pourra excéder trois ans.

Les délais ne pourront être prorogés qu'en vertu d'une loi.

125. Les organisations actuelles de la garde nationale
par compagnie, par bataillon et par légion, qui ne se trouveraient pas conformes aux dispositions de la présente loi,
pourront être provisoirement maintenues par une ordonnance du Roi, sans toutefois que cette autorisation puisse
dépasser l'époque du 1er janvier 1832.

126. Les compagnies qui dépassent le maximum fixé par
la présente loi ne recevront pas de nouvelles incorporations
jusqu'à ce qu'elles soient rentrées dans les limites voulues
par cette loi, à moins que toutes les compagnies du bataillon ne soient au complet.

TITRE V.

Des détachemens de la garde nationale.

SECTION PREMIÈRE.

Appel et service des détachemens.

127. La garde nationale doit fournir des détachemens
dans les cas suivans :

1° Fournir, par détachement, en cas d'insuffisance de la
gendarmerie et de la troupe de ligne, le nombre d'hommes
nécessaires pour escorter d'une ville à l'autre les convois
de fonds ou d'effets appartenant à l'Etat, et pour la conduite des accusés, des condamnés, et autres prisonniers;

2° Fournir des détachemens pour porter secours aux communes, arrondissemens et départemens voisins qui seraient troublés ou menacés par des émeutes ou des séditions, ou par l'incursion de voleurs, brigands et autres malfaiteurs.

128. Lorsqu'il faudra porter secours d'un lieu dans un autre, pour le maintien ou le rétablissement de l'ordre et de la paix publique, des détachemens de la garde nationale en service ordinaire seront fournis, afin d'agir dans toute l'étendue de l'arrondissement, sur la réquisition du sous-préfet; dans toute l'étendue du département, sur la réquisition du préfet; enfin s'il faut agir hors du département, en vertu d'une ordonnance du Roi.

En cas d'urgence, et sur la demande écrite du maire d'une commune en danger, les maires des communes limitrophes, sans distinction de département, pourront néanmoins requérir un détachement de la garde nationale, de marcher immédiatement sur le point menacé, sauf à rendre compte, dans le plus bref délai, du mouvement et de ses motifs à l'autorité supérieure.

Dans tous ces cas, les détachemens de la garde nationale ne cesseront pas d'être sous l'autorité civile. L'autorité militaire ne prendra le commandement des détachemens de la garde nationale, pour le maintien de la paix publique, que sur la réquisition de l'autorité administrative.

129. L'acte en vertu duquel, dans les cas déterminés par les articles précédens, la garde nationale est appelée à faire un service de détachemens, fixera le nombre des hommes requis.

130. Lors de l'appel fait conformément aux articles précédens, le maire, assisté du commandant de la garde nationale de chaque commune, formera les détachemens parmi les hommes inscrits sur le contrôle du service ordinaire, en commençant par les célibataires et les moins âgés.

131. Lorsque les détachemens des gardes nationales s'éloigneront de leur commune pendant plus de vingt-quatre heures, ils *seront assimilés à la troupe de ligne pour la solde, l'indemnité de route et les prestations en nature.*

132. Les détachemens à l'intérieur ne pourront être requis de faire un service hors de leurs foyers de plus de dix

jours sur la réquisition du sous-préfet, de plus de vingt jours sur la réquisition du préfet, et de plus de soixante jours en vertu d'une ordonnance du Roi.

SECTION II.

Discipline.

133. Lorsque, conformément à l'article 127, la garde nationale devra fournir des détachemens en service ordinaire, sur la réquisition du sous-préfet, du préfet, ou en vertu d'une ordonnance du Roi, les peines de discipline seront fixées ainsi qu'il suit :

Pour les officiers :

1° Les arrêts simples, pour dix jours au plus ;

2° La réprimande avec mise à l'ordre ;

3° Les arrêts de rigueur, pour six jours au plus ;

4° La prison pour trois jours au plus.

Pour les sous-officiers, caporaux et soldats :

1° La consigne, pour dix jours au plus ;

2° La réprimande, avec mise à l'ordre ;

3° La salle de discipline, pour six jours au plus ;

4° La prison, pour quatre jours au plus.

134. Les peines des arrêts de rigueur, de la prison et de la réprimande avec mise à l'ordre, ne pourront être infligées que par le chef du corps ; les autres peines pourront l'être par tout supérieur à son inférieur, à la charge d'en rendre compte dans les vingt-quatre heures, en observant la hiérarchie des grades.

135. La privation du grade, pour les causes énoncées dans les articles 90 et 93, sera prononcée par un conseil de discipline, composé ainsi qu'il est dit à la section VIII du titre III.

Il n'y aura qu'un seul conseil de discipline pour tous les détachemens formés d'un même arrondissement de sous-préfecture.

136. Tout garde national désigné pour faire partie d'un détachement qui refusera d'obtempérer à la réquisition, ou qui quittera le détachement sans autorisation, sera traduit en police correctionnelle, et puni d'un emprisonnement qui ne pourra excéder un mois ; s'il est officier, sous-officier ou caporal, il sera, en outre, privé de son grade.

Disposition commune aux deux titres précédens.

137. Les gardes nationaux blessés pour cause de service, auront droit aux secours, pensions et récompenses que la loi accorde aux militaires en activité.

TITRE VI.

Des corps détachés de la garde nationale pour le service de guerre.

SECTION PREMIÈRE.

Appel et service des corps détachés.

138. La garde nationale doit fournir des corps détachés pour la défense des places fortes, des côtes et des frontières du Royaume, comme auxiliaires de l'armée active.

Le service de guerre des corps détachés de la garde nationale, ne pourra pas durer plus d'une année.

139. Les corps détachés ne pourront être tirés de la garde nationale, qu'en vertu d'une loi spéciale, ou, pendant l'absence des Chambres, par une ordonnance du Roi, qui sera convertie en loi lors de la première session.

140. L'acte en vertu duquel la garde nationale est appelée à fournir des corps détachés pour le service de guerre, fixera le nombre des hommes requis.

SECTION II.

Désignation des gardes nationaux pour la formation des corps détachés.

141. Lors de l'appel fait en vertu d'une loi ou d'une ordonnance, conformément à l'art. 139, les corps détachés de la garde nationale se composeront ;

1° Des gardes nationaux qui se présenteront volontairement, et qui seront trouvés propres au service actif ;

2° Des jeunes gens de 18 à 20 ans qui se présenteront volontairement *et qui seront également reconnus propres au service actif.*

3° Si ces enrôlemens ne suffisaient pas pour compléter le contingent demandé, les hommes seront désignés dans l'ordre spécifié dans l'art. 143 ci-après.

142. Les jeunes gens de dix-huit à vingt ans, enrôlés volontaires ou remplaçans dans les corps détachés de la garde

nationale, resteront soumis à la loi du recrutement ; mais le temps que les volontaires auront servi dans les corps détachés de la garde nationale leur comptera en déduction de leur service dans l'armée régulière, si plus tard ils y sont appelés.

143. Les désignations des gardes nationaux pour les corps détachés seront faites par le conseil de recensement de chaque commune, parmi tous les inscrits sur le contrôle du service ordinaire, et sur celui du service extraordinaire, dans l'ordre qui suit :

1° Les célibataires ;

Seront considérés comme célibataires tous ceux qui, postérieurement à la promulgation de la présente loi, se marieraient avant d'avoir atteint l'âge de 25 ans.

2° Les veufs sans enfans ;

3° Les mariés sans enfans :

4° Les mariés avec enfans.

144. Pour la classe des célibataires, les contingens seront répartis proportionnellement au nombre d'hommes appartenant à chaque année depuis 20 jusqu'à 35 ans : dans chaque année la désignation se fera d'après l'âge,

Pour chaque année depuis 20 jusqu'à 25, les veufs et mariés seront considérés comme plus âgés que les célibataires de cette année, auxquels ils sont assimilés par l'art. 143, paragraphe premier.

Dans chacune des autres classes successives, les appels seront toujours faits en commençant par les moins âgés, jusqu'à l'âge de trente ans.

145. L'aîné d'orphelins mineurs de père et de mère, le fils unique ou l'aîné des fils, ou à défaut de fils, le petit-fils, ou l'aîné des petits-fils d'une femme actuellement veuve, d'un père aveugle, ou d'un vieillard septuagénaire, prendront rang dans l'appel au service des corps détachés entre les mariés sans enfans et les mariés avec enfans.

146. En cas de réclamations pour les désignations faites par le conseil de recensement, il sera statué par le jury de révision.

147. Ne sont point aptes au service des corps détachés,

1° Les gardes nationaux qui n'auront pas la taille fixée par la loi de recrutement :

2° Ceux que des infirmités constatées rendront impropres au service militaire.

148. L'aptitude au service sera jugée par un conseil de révision, qui se réunira dans le lieu où devra se former le bataillon.

Le conseil se composera de sept membres, savoir :

Le préfet, président, et, à son défaut, le conseiller de préfecture qu'il aura délégué ;

Trois membres du conseil de recensement désignés par le préfet, parmi les membres des conseils de recensement des communes qui concourront à la formation du bataillon ;

Le chef de bataillon ;

Et deux des capitaines dudit bataillon, nommés par le général commandant la subdivision militaire ou le département.

149. Les conseils de révision apprécieront les motifs d'exemption relatifs au nombre des enfans.

150. Les gardes nationaux qui ont des remplaçans à l'armée, ne sont pas dispensés du service de la garde nationale dans les corps détachés ; toutefois ils ne prendront rang dans l'appel qu'après les veufs sans enfans.

151. Le garde national désigné pour faire partie d'un corps détaché pourra se faire remplacer par un Français âgé de dix-huit à quarante ans.

Le remplaçant devra être agréé par le conseil de révision.

152. Si le remplaçant est appelé à servir pour son compte dans un corps détaché de la garde nationale, le remplacé sera tenu d'en fournir un autre ou de marcher lui-même.

153. Le remplacé sera, pour le cas de désertion, responsable de son remplaçant.

154. Lorsqu'un garde national porté sur le rôle du service ordinaire, se sera fait remplacer dans un corps détaché de la garde nationale, il ne cessera pas pour cela de concourir au service ordinaire de la garde nationale.

SECTION III.

Formation, nomination aux emplois et administration des corps détachés de la garde nationale.

155. Les corps détachés de la garde nationale, en vertu

des art. 138, 139, seront organisés par bataillon d'infanterie, et par escadron ou compagnie pour les autres armes. Le Roi pourra ordonner la réunion de ces bataillons ou escadrons en légions.

156. Des ordonnances du Roi détermineront l'organisation des bataillons, escadrons et compagnies, le nombre, le grade des officiers, la composition et l'installation des conseils d'administration.

157. Pour la première organisation, les caporaux et sous-officiers, les sous-lieutenans et lieutenans seront élus par les gardes nationaux. Néanmoins les fourriers, sergens-majors, maréchaux-des-logis-chefs et adjudans-sous-officiers, seront désignés par les capitaines et nommés par les chefs de corps.

Les officiers comptables, les adjudans-majors, les capitaines et officiers supérieurs seront à la nomination du Roi.

158. Les officiers à la nomination du Roi pourront être pris indistinctement dans la garde nationale, dans l'armée ou parmi les militaires en retraite.

159. Les corps détachés de la garde nationale comme auxiliaires de l'armée sont assimilés, pour la solde et les prestations en nature, à la troupe de ligne.

Une ordonnance du Roi déterminera les premières mises, les masses et les accessoires de la solde.

Les officiers, sous-officiers et soldats jouissant d'une pension de retraite, cumuleront, pendant la durée du service, avec la solde d'activité des grades qu'ils auront obtenus dans les corps détachés de la garde nationale.

160. L'uniforme et les marques distinctives des corps détachés seront les mêmes que ceux de la garde nationale en service ordinaire.

Le Gouvernement fournira l'habillement, l'armement et l'équipement aux gardes nationaux qui n'en seraient pas pourvus, ou qui n'auraient pas le moyen de s'équiper et de s'armer à leurs frais.

SECTION IV.

Discipline des corps détachés.

161. Lorsque les corps détachés de la garde nationale seront organisés, ils seront soumis à la discipline militaire.

Néanmoins , lorsque les gardes nationaux refuseront d'obtempérer à la réquisition , ils seront punis d'un emprisonnement qui ne pourra excéder deux ans , et lorsqu'ils quitteront leurs corps sans autorisation , hors de la présence de l'ennemi , ils seront punis d'un emprisonnement qui ne pourra excéder trois ans.

DISPOSITIONS GÉNÉRALES.

162. Sont et demeurent abrogées toutes les dispositions des lois , décrets ou ordonnances relatives à l'organisation et à la discipline des gardes nationales.

Sont et demeurent abrogées les dispositions relatives au service et à l'administration des gardes nationales qui seraient contraires à la présente loi.

MANŒUVRES D'INFANTERIE.

COURS

DE

THÉORIE-PRATIQUE.

PREMIÈRE PARTIE.

ÉCOLE DE PELOTON.

Les maniemens d'armes et les feux ne pouvant être démontrés que sur le terrain, j'en ai fait abstraction afin de ne pas grossir inutilement un livre destiné uniquement à expliquer le mécanisme des manœuvres.

Cependant je suivrai l'ordre prescrit dans le réglement de 1791, et me conformerai à la division par leçons et par articles.

PREMIÈRE LEÇON.

1. Ouvrir les rangs.
2. Alignement à rangs ouverts.
3. Serrer les rangs.
4. Alignement à rangs serrés.

DEUXIÈME LEÇON (1).

1. Marche en bataille par le premier rang.
2. Arrêter le peloton marchant en bataille.

---

(1) La troisième dans le réglement.

3. Marche oblique en bataille.
4. Marquer le pas, marcher le pas accéléré, et le pas en arrière.
5. Marche en bataille par le troisième rang.

TROISIÈME LEÇON.

1. Marche de flanc.
2. Changer de direction par file.
3. Arrêter le peloton marchant par le flanc et le remettre de front.
4. Se former par file sur la droite ou sur la gauche en bataille.
5. Étant en marche par le flanc, former le peloton et les sections.

QUATRIÈME LEÇON.

1. Rompre par section.
2. Marcher en colonne.
3. Changer de direction.
4. Arrêter la colonne.
5. Se former en bataille.

CINQUIÈME LEÇON.

1. Étant en colonne, mettre des files en arrière et les faire rentrer en ligne.
2. Marcher au pas de route, exécuter ainsi des changemens de direction, mettre des files en arrière et les faire rentrer en ligne.
3. Rompre et former le peloton.
4. La contre-marche.
5. Étant en colonne par section se former sur la droite ou sur la gauche en bataille.

Dans le réglement, les maniemens d'armes sont l'objet de l'article 3 de la première leçon : en les supprimant, j'ai réduit cette leçon à quatre articles ; la deuxième leçon, dont je ne m'occuperai pas non plus, se compose de

1. Charge précipitée.
2. Charge à volonté.
3. Feu de peloton direct et oblique.
4. Feu de deux rangs.
5. Feu en arrière.

———

J'ai cru qu'il ne serait pas inutile, avant d'entrer en matière, de donner quelques notions préliminaires qui ne sont pas dans le réglement, base invariable de mon travail, et de rappeler quelques-uns des principes de l'école du soldat, afin de ne pas être obligé d'y revenir par des notes ou des observations qui eussent partagé l'attention de mes lecteurs; d'ailleurs l'observation de ces principes est rigoureusement nécessaire pour la bonne exécution des manœuvres.

NOTIONS PRELIMINAIRES.

Je commencerai par donner, sous forme de vocabulaire, la définition de plusieurs termes usuels, sur la valeur desquels il faut être bien arrêté.

A COUPS; TEMPS D'ARRÊT. Mouvemens brusques des hommes qui, ayant perdu le tact des coudes, leur distance et l'alignement, se hâtent trop de les reprendre, soit en allongeant ou raccourcissant démesurément le pas, soit en obliquant à droite ou à gauche d'une manière subite.

Les à coups, les temps d'arrêt, sont le résultat du *flottement*. (Voyez ce mot.)

A DROITE, A GAUCHE. — Mouvemens qu'exécute chaque homme individuellement pour faire face de l'un ou de l'autre de ces côtés. — Ainsi on dit : *faire un à droite, faire un à gauche,* au lieu de dire, *faire par le flanc droit* ou *par le flanc gauche,*

1.

lorsqu'il s'agit de l'homme considéré isolément ; si l'on parle d'un peloton , il faut nécessairement employer la seconde expression.

AILE. Chaque extrémité d'une troupe dans l'ordre de bataille.

COLONNE. Ordre d'un bataillon rompu. Une colonne a la droite en tête lorsque les grenadiers ouvrent la marche, et dans ce cas le guide est à gauche ; lorsque ce sont les voltigeurs, elle a la gauche en tête , et alors c'est à droite qu'est le guide (1). (Voyez *Guides*.)

CONTRE-MARCHE. Une colonne ne devant jamais marcher le pas en arrière non plus que par le troisième rang, la contre-marche a pour but de la renverser, qu'elle soit dans l'ordre direct ou dans l'ordre inverse. — La contre-marche s'exécute toujours par les mêmes principes ; mais il est des cas où elle se complique de deux mouvemens opposés.

CRÉNEAU. Place occupée par le chef de peloton, dans l'ordre de bataille. — Elle est ainsi nommée parce que, lorsque le chef de peloton se porte vis-à-vis le front, si la place qu'il occupait dans le rang restait vide, elle ressemblerait au créneau d'une muraille. (Voyez *Guides*.) — Un *créneau* est aussi l'espèce de vide qui se forme entre les files lorsqu'une troupe fait un *demi-à-droite :* en croisant la baïonnette, par exemple.

DÉBOÎTER. S'écarter de l'alignement, soit en avant, soit en arrière. — Les mouvemens de flanc renferment des cas nombreux de *déboîtement* par les trois premières files de droite ou de gauche, selon que le peloton est par l'un ou l'autre flanc.

DÉPLOIEMENT. Action d'une troupe qui passe de l'ordre en colonne à l'ordre de bataille. Les déploiemens s'exécutent sur l'une ou l'autre aile, ou sur une des subdivisions du centre.

DIRECTION. C'est tout à la fois le point vers lequel se dirige une colonne, et le terrain que les guides parcourent en ligne directe. (Voyez *Guides*.)

DISTANCE. Étendue de terrain que chaque guide, dans une colonne, laisse entre lui et celui qui le précède : elle doit tou-

---

(1) Lorsqu'une colonne rend les honneurs à un général, par exemple, elle a les guides à droite jusqu'à ce qu'elle ait *défilé*.

jours être égale au front de la subdivision dont ce guide a la direction ; en d'autres termes, la distance est égale à autant de fois dix-huit pouces qu'il y a de files dans le peloton, la section, ou la division.

DIVISION. Réunion de deux pelotons. Dans un bataillon de huit pelotons, ce sont les chefs des 1er, 3e, 5e et 7e qui commandent les divisions.

ENCADREMENT. Le sergent et le caporal placés à la gauche du bataillon sont désignés sous ce nom collectif. — L'*encadrement* d'un peloton, ce sont ses guides de droite et de gauche dans l'ordre en colonne.

ÉPAISSEUR. Voyez *Hauteur* et *Profondeur*.

FACE EN ARRIÈRE. Une troupe qui fait front par le troisième rang est placée face en arrière ; elle revient

FACE EN TÊTE en faisant un *demi-tour à droite*.

FILES. Deux ou trois hommes placés l'un derrière l'autre.

FILE (*chef de*). Chaque homme, dans le premier rang, est le chef de file de ceux des deuxième et troisième qui sont placés derrière lui. (Voyez *Formation d'un peloton*.)

FLOTTEMENT. Si le guide ne marche pas également, s'il perd sa direction, il occasione des *à coups*, des *temps d'arrêt* (voyez ces mots) : alors on dit qu'*il y a du flottement* dans le peloton.

Cela arrive aussi lorsque, dans les alignemens, plusieurs hommes se sont trop portés du côté du guide, et n'ont pas conservé l'espace nécessaire dans le rang.

FRONT. Face d'un peloton ou d'un bataillon, du côté du premier rang. (Voyez *Face en tête*.) — Lorsqu'un peloton a fait par le flanc droit, il fait front par un *à gauche*; dans le cas contraire, c'est par un *à droite* (1).

GUIDES. Sous-officiers placés à la droite et à la gauche d'un

---

(1) Cette observation, peut-être minutieuse, acquerra plus d'importance si l'on observe que, dans toutes les formations, elle est d'une application rigoureuse. Ainsi, par exemple, lorsqu'un bataillon a rompu en colonne *par peloton à droite*, il reprend l'ordre de bataille en faisant *par peloton à gauche*.

peloton. — Le premier prend le nom de *guide de droite*, ou de *sous-officier de remplacement*. Cette dernière désignation lui vient de ce que, dans les manœuvres de bataillon, il est placé à la droite du troisième rang, et vient se placer au premier lorsque le chef de peloton quitte son créneau. — Le guide de gauche n'est à la gauche du peloton que lorsque le bataillon a rompu en colonne. — Dire *le guide est à droite*, *le guide est à gauche*, c'est indiquer sur quel flanc de la colonne est la ligne sur laquelle elle se formera en bataille, par conséquent de quel côté est le guide de direction.

HAIE (*border la*). C'est établir un peloton sur un seul rang, les hommes plus ou moins rapprochés l'un de l'autre. — De quelque côté qu'une troupe arrive sur le terrain qu'elle doit *border*, il faut la faire développer de manière que le premier rang soit à l'extrême droite, le deuxième à l'extrême gauche, et le troisième entre les deux autres. En un mot, on fait *border la haie* par les moyens inverses de ceux que nous exposerons plus loin, à l'article *Formation d'un peloton*.

HAUTEUR. Deux troupes sont ou marchent à la même *hauteur*, lorsque la ligne de bataille de l'une peut être considérée comme le prolongement de celle de l'autre. — Ce mot s'emploie encore pour indiquer sur combien de rangs une troupe est formée : *deux*, *trois hommes de hauteur*. Dans ce dernier sens, il est synonyme d'*épaisseur* ou *profondeur*. — Arriver à la *hauteur d'un jalonneur*, c'est marcher jusqu'à ce que l'on soit *vis-à-vis* ce jalonneur.

JALONNEUR. Sous-officier ou sapeur, ou tout autre homme employé à la détermination d'une ligne, soit dans la marche en colonne, soit dans la marche en bataille.

LIGNE DE BATAILLE. C'est tout à la fois le terrain qu'occupent un ou plusieurs bataillons déployés, et ces bataillons eux-mêmes vus du côté du premier rang.

PIED-FERME. État d'une troupe qui conserve l'immobilité. — On dit aussi *faire une conversion de pied ferme*, pour indiquer que le pivot est fixe. (Voyez *Pivot*.)

PIVOT. C'est le guide qui, dans les conversions, est au côté

opposé à l'aile marchante; autrement, celui sur lequel s'appuie.
la conversion. — Il est *fixe* dans les conversions de pied·fermé;
dans celles en marchant il fait le *pas de six pouces*, quelquefois
d'*un pied* (1).

PROFONDEUR. Distance de la droite à la gauche d'une colonne,
et *vice versâ*. — La profondeur d'un bataillon en colonne est
égale à l'étendue de son front de bataille moins un peloton. —
Ce mot est souvent employé dans le même sens que *hauteur* et
épaisseur.

RENTRER. C'est, lorsque l'on a dépassé l'alignement, se reporter doucement en arrière pour réparer sa faute.

Un guide qui s'est jeté hors de la direction en forçant la ligne
de bataille, doit *rentrer* afin de reprendre la trace de ceux qui
le précèdent.

ROMPRE. Faire passer une troupe de l'ordre de bataille à
l'ordre en colonne; on rompt par divisions, par pelotons, ou
par sections. — On *rompt* les divisions, les pelotons, pour reformer une colonne par pelotons ou par sections.

SECTION. Moitié d'un peloton. Le capitaine ou chef de peloton
commande toujours la première; le lieutenant la seconde.(Voyez
Formation d'un peloton.)

SERRE-FILES. Ce sont les officiers et sous-officiers placés derrière un peloton, à deux pas du troisième rang. (Voyez *Formation d'un peloton.*)

SORTIR. Lorsque l'on est trop en arrière, soit de pied ferme,
soit en marchant, il faut *sortir*, c'est-à-dire avancer peu à peu
jusqu'à ce que l'on s'aperçoive que la faute est réparée.

Un guide qui a marché de manière à faire rentrer la ligne de
bataille, est obligé de *sortir* pour reprendre la véritable direction.

SUBDIVISION. Ce mot désigne chaque partie d'une colonne,
qu'elle soit par divisions, pelotons ou sections.

---

(1) Par exemple, dans les changemens de direction opposés au guide,
lorsqu'une colonne est à demi-distance.

TÊTE DE COLONNE. Peloton qui marche le premier : dans l'ordre direct, ce sont les grenadiers ; dans l'ordre inverse, ce sont les voltigeurs. (Voyez *Colonne*.)

TIROIR. Place occupée par le deuxième rang. — Il est une manière de défiler, dite en *tiroir* : je m'abstiens de la définir, parce qu'il serait difficile de le faire d'une manière satisfaisante. (Voyez cette manœuvre dans la II⁰ partie de cet ouvrage.)

ARTICLE 1ᵉʳ. — DES COMMANDEMENS.

Les commandemens sont partagés en deux parties : la première, faite de toute l'étendue de la voix, en prononçant clairement chaque syllabe et traînant sur la dernière, est dite *commandement d'avertissement* ; la deuxième, prononcée brièvement, avec force, et pour ainsi dire jetée, est nommée *commandement d'exécution*. Exemple :

1. Garde à vous,
2. PELOTON (1).
3. Portez,
4. VOS ARMES.

Il arrive souvent (2) qu'une partie d'une troupe doit faire un mouvement opposé à celui qu'exécute l'autre partie : toutes deux attendent alors le dernier commandement, qui devient pour elles celui d'exécution. Nous en verrons un exemple à l'article *Formation d'un peloton*.

---

(1) Les commandemens numérotés 1 et 3 ne sont que *préparatoires*. — Les deux premiers s'emploient lorsqu'une troupe doit passer de l'état de repos à celui de manœuvre. A celui de *garde à vous*, les hommes reprennent la position à laquelle ils se trouvaient avant le repos ; à celui de *peloton*, l'immobilité la plus parfaite doit s'établir dans les rangs.

(2) Ce cas se présente toujours dans les déploiemens d'une colonne sur un peloton du centre, dans les contre-marches en colonne serrée, etc., etc.

ART. 2. — PORT D'ARMES.

Position du corps. — Les talons sur la même ligne et plus ou moins rapprochés ; les pieds également tournés en dehors ; le corps d'aplomb sur les hanches ; le haut du corps penché en avant ; les épaules effacées, également tombantes, et placées carrément ; le bras droit pendant naturellement, le coude près du corps, la paume de la main un peu tournée en dehors, le petit doigt en arrière et contre la couture de la culotte ; la tête droite sans être gênée, les yeux fixés à environ quinze pas devant soi.

Position de l'arme. — L'arme dans la main gauche, le bras très-peu ployé, le coude en arrière et joint au corps sans le serrer, la paume de la main serrée contre le plat extérieur de la crosse, son tranchant extérieur dans la première articulation des doigts ; le talon de la crosse entre le premier et le second doigt, le pouce par-dessus ; les deux derniers doigts sous la crosse, qui sera appuyée plus ou moins en arrière, suivant la conformation de l'homme, de manière que l'arme, vue de face, reste toujours perpendiculaire, et que le mouvement de la cuisse en marchant ne puisse pas la faire lever ni vaciller ; la baguette au défaut de l'épaule.

ART. 3. — A DROITE, A GAUCHE.

Les *à droite* et les *à gauche* s'exécutent en un temps : l'homme tourne sur le talon gauche, en élevant un peu la pointe de ce pied et détachant légèrement le pied droit de terre, fait face au côté désigné par le commandement, et rapporte aussitôt le talon droit contre le gauche.

ART. 4. — DEMI-TOUR A DROITE.

Le demi-tour à droite s'exécute en deux temps. — Au

commandement de *demi-tour*, rentrer la pointe du pied
gauche, porter le pied droit en arrière, le cordon du
soulier vis-à-vis et à trois pouces du talon gauche, de manière que les deux pieds soient placés perpendiculairement l'un à l'autre ; saisir en même temps le coin de la
giberne avec le pouce et les deux premiers doigts de la
main droite, la paume de la main en dessus, et tourner
l'arme en dedans avec la gauche, la platine en dessus, la
tête du chien sentant le corps, mais sans raccourcir ni
allonger le bras. — Au commandement de A DROITE, tourner sur les deux talons en élevant un peu la pointe des
pieds, faire face en arrière, rapporter le talon droit contre
le gauche, lâcher la giberne, et se remettre à la position
du port d'armes.

OBSERVATION. Par ce qui est prescrit dans chacun des deux
articles ci-dessus, on voit que le talon gauche est le pivot de ces
divers mouvemens, et par conséquent chargé de la conservation
de l'alignement. — Dans les repos sur place, ce principe doit
être observé par les mêmes motifs, mais non avec une rigoureuse
exactitude ; aussi recommande-t-on, si la jambe de ce côté est
faible ou se fatigue, de rapporter le talon droit contre le gauche
avant de déranger celui-ci.

ART. 5. — PRINCIPES DU PAS ORDINAIRE DIRECT.

La longueur du pas ordinaire direct est de deux pieds
à compter d'un talon à l'autre ; sa vitesse de soixante-
seize par minute.

Au commandement *en avant*, on porte le poids du
corps sur la jambe droite, afin d'être prêt à partir du pied
gauche à celui de MARCHE.

Enlever vivement le pas, mais sans secousse, en portant le pied gauche en avant, à deux pieds du droit, le
jarret tendu, la pointe du pied baissée et légèrement tournée en dehors, ainsi que le genou ; porter en même temps,

le poids du corps en avant, poser, sans frapper, le pied
à plat, et à la distance où il se trouve du pied droit, tout
le poids du corps portant sur celui qui pose à terre;
passer ensuite la jambe droite en suivant les mêmes principes.

Au commandement de HALTE, fait sur l'un ou l'autre
pied indifféremment, chaque homme rapporte le pied qui
est derrière à côté de celui qu'il vient de poser à terre.

OBSERVATION. Lorsque l'on est *l'arme au bras*, on porte la
main droite à la poignée du fusil au commandement de MARCHE;
à celui de HALTE, on *porte l'arme* en même temps que l'on
s'arrête.

ART. 6. — DU PAS OBLIQUE.

La vitesse de ce pas, comme celle du pas direct, est de
soixante-seize à la minute. Il s'exécute de la manière suivante :

Pour *obliquer à droite*, on porte le *pied droit* obliquement
de ce côté, à vingt-quatre pouces, en rentrant un peu la
pointe du pied en dedans; puis le pied gauche, par la
ligne la plus courte, à environ dix-sept pouces en avant
du talon droit, en ayant soin de tenir toujours les épaules
carrément, de conserver le tact des coudes et l'alignement. En un mot, dans la marche oblique, *à droite* ou *à
gauche*, la position du corps et les autres principes restent
les mêmes que dans la marche directe. — On oblique à
gauche par les mêmes principes qu'à droite.

Quel que soit le côté vers lequel une troupe *oblique*,
on lui fait reprendre la marche directe par les commandemens *en avant*, MARCHE. Le dernier se fait à l'instant où
l'un ou l'autre pied indifféremment pose à terre.

OBSERVATION. Le pas oblique ne peut jamais être accéléré.
Conséquemment, dans les manœuvres au pas accéléré ou dans
les colonnes de route, pour rompre ou former le peloton, il faut,

après avoir mis l'arme au bras ou porté les armes, faire par le
flanc droit, puis par le flanc gauche au lieu d'obliquer à droite;
ou par le flanc gauche, puis par le flanc droit, au lieu d'obliquer à gauche. — Nous reviendrons, en son lieu, sur cette règle.

ART. 7. — DU PAS ACCÉLÉRÉ.

La longueur est la même que celle du pas ordinaire;
sa vitesse de cent par minute. — Les principes sont aussi
les mêmes; seulement, comme l'accélération du mouvement tend à entraîner les hommes, il est important que
chacun redouble d'attention pour conserver l'alignement
et se conforme à ce qui a été dit ci-dessus pour le pas ordinaire direct.

OBSERVATION Lorsque le commandement de *pas accéléré* ne
précède pas celui de MARCHE, c'est toujours le pas ordinaire
qu'il faut prendre. — Lorsque l'on doit passer de l'une à l'autre
de ces allures, c'est sur l'un ou l'autre pied indifféremment que
le commandement de MARCHE est prononcé.

ART. 8. — DE LA MARCHE DE FLANC.

Dans cette marche, le pas s'exécute d'après les principes prescrits ci-dessus : de plus, on recommande de ne
pas plier les genoux pour éviter de marcher sur les talons
de l'homme qui est devant soi ; que la tête de cet homme
cache celles de tous ceux qui le précèdent lui-même;
enfin, qu'à chaque pas le pied de l'homme qui précède
soit remplacé par celui de l'homme qui le suit.

ART. 9. — MARQUER LE PAS.

C'est rapporter les talons l'un contre l'autre, en conservant la cadence, soit dans le pas ordinaire, soit dans le
pas accéléré.

L'on doit en profiter pour reprendre l'alignement et le tact des coudes, si on les avait perdus.

ART. 10. — CHANGER LE PAS.

Pour changer le pas, il suffit, au commandement de MARCHE, de rapporter le pied qui est derrière à côté de celui que l'on vient de poser à terre, et de repartir de ce dernier pied. Cela se fait sans sauter et sans perdre la cadence du pas.

ART. 11. — DU PAS EN ARRIÈRE.

Ce pas n'est guère usité que pour ouvrir les rangs ; cependant on marche au *pas en arrière* lorsqu'il n'y a qu'une très-faible distance à parcourir pour se porter sur un alignement, ou dans tout autre cas analogue. — Sa longueur n'est que d'un pied, sa cadence celle du pas ordinaire direct. — En se portant en arrière il faut ne pas ployer les genoux, tenir les épaules carrément, les yeux toujours fixés devant soi, conserver l'aplomb du corps, et ne pas s'appuyer sur son voisin de droite ou de gauche.

ART. 12. — PRINCIPES D'ALIGNEMENT.

Au commandement de *à droite* (ou *à gauche*) ALIGNEMENT, chacun jette un léger coup d'œil du côté indiqué, en tenant toujours les épaules carrément, sans baisser la tête, et la tournant seulement de manière à découvrir la poitrine du troisième homme du côté vers lequel on s'aligne.

Si l'on a trop de distance, il faut la regagner sans *à coups*, par des petits pas de côté, afin de ne pas être obligé de se desserrer ensuite du côté opposé, ce qui rendrait l'alignement moins parfait et occasionerait des secousses désagréables.

Dans les alignemens en avant, les hommes doivent s'arrêter à six pouces en arrière de la ligne, et n'y arriver qu'avec précaution et à petits pas; en un mot, ne pas se *jeter :* autrement ils la forceraient, et seraient obligés de se retirer en arrière, ce qui, en occasionant de l'hésitation, entraînerait des lenteurs. — Dans ceux en arrière, il faut dépasser la ligne d'environ six pouces, puis s'y reporter doucement.

Au commandement de FIXE, personne ne bouge plus, qu'il soit bien placé ou non. — C'est au chef de peloton à rectifier les fautes de détail, s'il le juge convenable.

OBSERVATION. On ne s'aligne jamais l'arme au bras : c'est pourquoi, lorsqu'un peloton est en marche dans cette position, on doit porter les armes au commandement de HALTE, sans en attendre d'autre.

Pour s'aligner à droite, par exemple, il faut tourner la tête à droite sans brusquer le mouvement, de manière que le coin de l'œil gauche du côté du nez réponde à la ligne des boutons de la veste, les yeux fixés sur la ligne des yeux des hommes du même rang. — Il est inutile de dire que les principes sont les mêmes pour les alignemens à gauche.

Il est des alignemens dits *obliques*, parce que le peloton se trouve placé obliquement eu égard aux objets qui sont devant son front : toutefois, les hommes devant toujours être placés carrément dans le rang, ils n'ont, dans ces cas, rien autre chose à observer que ce qui a été prescrit ci-dessus.

ART. 12. — DES CONVERSIONS.

Les conversions sont de deux espèces :

1° *De pied ferme ;*
2° *En marchant.*

Les premières servent à passer de l'ordre de bataille à l'ordre en colonne, et réciproquement; les secondes à opérer les changemens de direction du côté opposé au

guide, dans la marche en colonne. — Lorsque l'on converse *à droite*, c'est *la gauche* qui marche; dans la conversion *à gauche*, c'est *la droite*.

1° *Conversion de pied ferme.* — Supposons qu'elle s'exécute *à droite*. L'homme le plus près du pivot (dans ce cas
le pivot est le sous-officier de remplacement) ne fait pour
ainsi dire que tourner sur lui-même en se conformant
tout ensemble au mouvement de l'aile marchante et à
celui du pivot; ceux des deuxième et troisième rangs de
cette file ont soin de se tenir toujours exactement à leur
chef de file : pour cela, ils décrivent, en appuyant très-
doucement à gauche, un petit arc de cercle dont leur chef
de file est le centre.

Le guide qui conduit l'aile marchante avance un peu
l'épaule opposée au point vers lequel se fait la conversion (cette épaule, dans le cas présent, est la gauche),
jette un coup d'œil sur le terrain qu'il a à parcourir, fait
le pas de deux pieds, cède doucement à la pression qui
lui vient du pivot, afin de ne pas le forcer, ce qui arriverait infailliblement ou bien ferait crever le peloton en
avant ou en arrière. Il a soin également de ne pas perdre
le tact des coudes du même côté; autrement il s'égarerait
et ferait désunir le peloton.

Sentir légèrement les coudes du côté du pivot, céder
doucement et sans brusquer à celle qui vient de là, résister à celle qui arrive du côté opposé; jeter souvent un
coup d'œil du côté de l'aile marchante, afin de conserver
l'alignement et au pas sa longueur nécessaire : telles sont
les règles à observer dans les conversions, soit *à droite*,
soit *à gauche*.

Pour les conversions de pied ferme, le commandement
est : 1. *Par peloton à droite* (ou *à gauche*), 2. MARCHE. —
Lorsque l'aile marchante est à deux pas du point où doit
s'arrêter la conversion, le chef de peloton commande :
peloton; aussitôt qu'elle y est parvenue : HALTE.

2º *Conversions en marchant.* —Elles s'exécutent absolument par les mêmes principes que celles de pied ferme, avec cette différence que le *pivot* fait le pas de six pouces en décrivant un petit arc de cercle.

Les commandemens sont : 1. *A droite* (ou *à gauche*) *conversion*, 2. MARCHE.

Il faut que le chef de peloton fasse le commandement d'avertissement à au moins quatre pas du point où s'opère le changement de direction, et celui d'exécution lorsque le peloton, qui doit ne pas cesser de marcher carrément, est parvenu à la hauteur de ce point.

Lorsque l'aile marchante est arrivée à trois pas du point où doit cesser la conversion, le chef de peloton commande, 1. *En avant;* lorsque la conversion est achevée, 2. MARCHE.

OBSERVATION. Il résulte de la nature de la conversion que les épaules, toujours maintenues carrément, afin de conserver l'alignement, se trouvent placées obliquement en égard à la ligne qu'occupait le peloton avant de commencer ce mouvement. En d'autres termes, à mesure que le peloton converse, il forme, avec la ligne qu'il occupait précédemment, un angle qui, à chaque pas, se rapproche de l'angle droit et finit par être cet angle lui-même au moment où il a exécuté un *quart de conversion.*

Ainsi, après une *demi-conversion,* le peloton regarde du côté opposé à celui auquel il faisait face d'abord, et après une *conversion entière* il se retrouve précisément sur le même terrain qu'il occupait primitivement. — Dans le premier de ces deux cas, il a décrit un demi-cercle; dans le second, un cercle entier.

Ceci explique de reste pourquoi l'on a donné le nom de *pivot* à celui des guides vers lequel on converse, et ne peut s'appliquer rigoureusement qu'aux conversions de pied ferme.

ART. 4. — FORMATION D'UN PELOTON.

Les hommes doivent être placés dans le rang d'après

leur taille, c'est-à-dire que le plus grand est à la droite, le plus petit à la gauche.

Pour les ordonner ainsi, on les place d'abord sur un seul rang, en veillant à ce que la progression décroissante soit exacte à partir de la droite; ensuite on partage ce rang en trois parties égales, en allant de droite à gauche : la première composera le premier rang, la seconde le troisième, et la troisième le deuxième (1).

Après avoir fait connaître aux hommes auquel des deux derniers rangs ils appartiennent, le chef de peloton commande : *Deuxième et troisième rangs, par le flanc droit,* — A DROITE. Cela exécuté, il fait déboîter le deuxième rang en avant, et le troisième en arrière, celui-ci plus fortement que l'autre, puis il commande : *Deuxième rang, pas accéléré; troisième rang, pas ordinaire,* — MARCHE (2). Au commandement de MARCHE, le troisième rang se porte derrière le premier, ayant soin de laisser entre eux deux l'espace nécessaire pour que le deuxième, qui marche à sa gauche, puisse

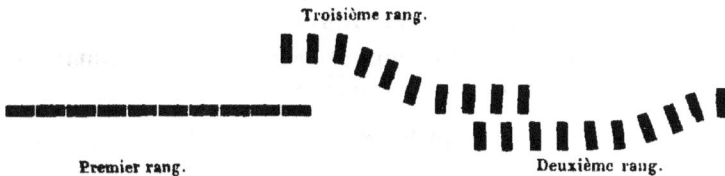

Troisième rang.

Premier rang.   Deuxième rang.

s'y placer. Parvenu à la hauteur de l'homme de droite du premier rang, celui du troisième rang marque le pas afin de laisser à l'homme de droite du deuxième le temps d'arriver à la même hauteur. Sitôt qu'il les y voit, le chef de peloton commande : *Deuxième et troisième rangs,* — HALTE. — FRONT. — *A droite* ALIGNEMENT. A ce dernier comman-

___

(1) Les caporaux se placent à leur rang de taille, et autant que possible au premier rang, marquant la droite et la gauche de chacune des deux sections.

(2) Voici un des cas dont j'ai parlé à l'article *des Commandemens.*

2*

dement, le peloton entier s'aligne (voyez les *Principes d'alignement*, p. 13), les hommes des deuxième et troisième rangs se plaçant correctement à leur chef de file, leur poitrine à un pied de son dos.

Alors on fait numéroter les hommes du premier rang, en allant de la droite à la gauche : ainsi le premier homme est le n° 1, le deuxième le n° 2, etc., etc.

Ceux des autres rangs prennent, chacun dans leur rang respectif, le même numéro que leur chef de file (1).

Enfin, on divise le peloton en deux parties égales : la première, celle de droite, prend le nom de première section ; l'autre, celui de deuxième section.

On peut encore former le peloton sur le deuxième ou sur le troisième rang.

Premier cas. Les premier et troisième rangs font à gauche ; le premier déboîte en avant, le troisième en arrière : le premier prend le pas accéléré, le troisième le pas ordinaire. — Les commandemens sont : *Premier et troisième rangs, par le flanc gauche* — A GAUCHE. *Premier rang pas accéléré; troisième rang pas ordinaire*— MARCHE. Après les avoir arrêtés à hauteur de la gauche du deuxième rang, le chef de peloton commande : FRONT ; ensuite, *à droite*— ALIGNEMENT.

Troisième rang.

Premier rang.   Deuxième rang.

Second cas. Le premier rang fait par le flanc gauche, le deuxième par le flanc droit ; tous deux déboîtent en avant, celui-ci moins que celui-là ; puis ils se portent, au pas accéléré, le premier jusqu'à hauteur de la gauche, le deuxième jusqu'à hauteur de la droite du troisième rang. Le chef de peloton, après les avoir

---

(1) Dans un poste, il en est différemment. — Voyez l'*Instruction sur le service dans les postes.*

arrêtés, commande : *Premier rang, par un à-droite ; deuxième rang, par un à-gauche* — FRONT ; ensuite, *à droite* — ALIGNEMENT.

Troisième rang.

Premier rang.   Deuxième rang.

Places des officiers et sous-officiers.

Le capitaine ▬ à la droite du premier rang ; le lieutenant ▬ derrière le centre de la seconde section ; le sous-lieutenant ▬ derrière celui de la première. Le sergent-major ▬ à hauteur de la droite de la deuxième section. Le premier sergent ▬ derrière le capitaine, à la droite du troisième rang (1) ; le deuxième ▬ derrière l'avant-dernière file de gauche du peloton (2) ; le troisième ▬ derrière l'avant-dernière file de gauche de la première section ; le quatrième ▬ à la droite du sous-lieutenant, à la hauteur de la seconde file de droite de la première section.

Lorsque le fourrier ▬ n'est pas à la garde du drapeau, il se place à la gauche du quatrième sergent.

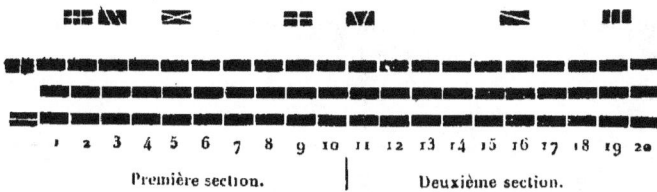

1 2 3 4 5 6 7 8 9 10 11 12 13 14 15 16 17 18 19 20

Première section.   Deuxième section.

OBSERVATION. C'est ainsi qu'est disposée une compagnie dans

---

(1) Dans l'ordre de bataille, il prend le titre de *sous-officier de remplacement*, et est guide de droite du peloton lorsque l'on a rompu en colonne.

(2) En colonne, ce sergent est *guide de gauche* de son peloton. — Dans

2*.

l'ordre de bataille ; mais, dans la Garde Nationale, les cadres étant quelquefois doubles, et les compagnies assez fortes pour former deux pelotons, le capitaine en premier et les premiers titulaires dans chaque grade, le sergent-major y compris, seront attachés au premier peloton ; le capitaine en deuxième commandera le second peloton, et aura sous ses ordres les autres officiers et sous-officiers. Le fourrier prendra dans le second peloton la place que le sergent-major occupe dans le premier.

Quant aux caporaux, ils peuvent être placés en serre-files si le nombre des sergens n'était pas assez considérable pour les emplois de guides.

Les officiers et sous-officiers placés en serre-files se tiennent à deux pas du troisième rang, alignés entre eux. Ils surveillent l'exécution, redressent les hommes qui font des fautes, mais sans prendre le ton du commandement.—Les sergens exécutent les maniemens d'armes.

Le devoir des serre-files est de faire observer le silence : ils ne doivent donc jamais établir entre eux de conversations.

Dans toutes les manœuvres, ils se conforment au mouvement du peloton et se tiennent scrupuleusement aux places qui leur sont assignées.

Il est important que chacun se rappelle son numéro : c'est par l'ordre numérique que le chef de peloton désigne les hommes, surtout dans les alignemens, qu'on les prenne soit à gauche, soit à droite. Ainsi, par exemple, si, dans un alignement à gauche, le troisième homme de droite était trop en avant ou trop en arrière, le chef de peloton lui dirait : « Numéro 3, rentrez, » ou « sortez » (1).

---

le dernier peloton du bataillon, il est placé à la gauche du premier rang, ayant un caporal derrière lui au troisième.

(1) Dans la figure ci-dessus, comme dans toutes celles qui suivront, le premier rang est indiqué par des numéros, de sorte que, quelle que soit la position du peloton, on reconnaîtra au premier coup d'œil où est la droite : le sous-officier de remplacement ■■ et le chef de peloton ▬ sont déjà des indications suffisantes.

ÉCOLE DE PELOTON.

Dans cette première partie, nous supposons toujours un peloton d'instruction : le mot INSTRUCTEUR sera donc conservé à celui qui l'exerce, officier, sous-officier ou simple Garde.

Un chef de peloton, un chef de section, un sous-officier de remplacement et un guide de gauche sont rigoureusement nécessaires pour le faire manœuvrer (1). — Il faut aussi, autant que possible, y joindre quelques autres serre-files qui seront à la disposition de l'instructeur pour jalonner.

De quelque nombre de files que le peloton soit composé, il sera toujours sur trois rangs pour exécuter la première leçon (2). — Lorsque ce nombre sera au-dessous de douze, le peloton sera formé sur deux rangs pour exécuter les deuxième, troisième, quatrième et cinquième leçons.

L'instructeur sera aussi clair et concis que possible dans ses explications ; il fera rectifier les fautes de détail par le chef de peloton, à qui il les indiquera si celui-ci ne les avait pas remarquées, et ne les rectifiera lui-même que lorsque le chef de peloton n'aura pas bien compris ou aura mal rempli ses intentions.

Le calme et le sang-froid de la part de l'instructeur, l'immobilité, le silence et l'attention de la part de ceux qu'il exerce, sont les premières conditions d'une bonne exécution.

---

(1) Par ce motif, et parce qu'il serait inutile de compliquer les figures, nous ferons abstraction des serre-files qui ne sont pas employés dans le peloton d'instruction, nous bornant à leur rappeler qu'ils « doivent toujours se « conformer au mouvement du troisième rang, et se tenir aux places qui « leur sont assignées dans l'ordre de bataille. »

(2) Et la deuxième dans le Règlement. Mais celle-ci, comme je l'ai dit en commençant, a été supprimée dans ce *Cours*.

v

PREMIÈRE LEÇON.

ARTICLE PREMIER.

Ouvrir les rangs.

Le peloton étant de pied ferme et aligné, si l'instructeur veut faire ouvrir les rangs, il fait placer les deux
serre-files les plus près de la gauche, à la gauche des premier et troisième rangs ; puis, ayant fait porter les armes,
il commande :

1. Garde à vous.
2. PELOTON.
3. Portez — VOS ARMES.
4. En arrière, ouvrez vos rangs.

Au quatrième commandement, le chef de peloton et le
serre-file qui vient de se placer à la gauche du premier
rang, se portent, en marchant au *pas en arrière*, sur l'a-
lignement des serre-files ; le sous-officier de remplacement et le serre-file placé à la gauche du troisième rang,
quatre pas plus en arrière, sans les compter.

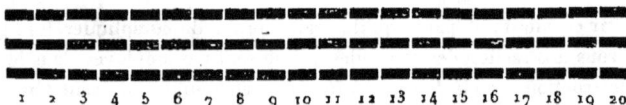

Après avoir vérifié la position des uns et des autres,
en se portant sur le flanc droit, et s'être assuré qu'ils sont

placés parallèlement au peloton, l'instructeur commande :

5. MARCHE.

Le premier rang ne bouge pas ; les deux derniers marchent en arrière sans compter les pas, et se placent, le
deuxième sur l'alignement du chef de peloton, le troisième
sur celui du sous-officier de remplacement, et sont alignés
par eux (1).

Au commandement de FIXE, prononcé par l'instructeur
lorsqu'il voit les deuxième et troisième rangs alignés, le
chef de peloton et le serre-file qui est à la gauche du
deuxième rang, reprennent leurs places au premier.

Les serre-files, qui ont aussi marché en arrière, se
replacent à leurs distances lorsque ce rang est aligné.

1 2 3 4 5 6 7 8 9 10 11 12 13 14 15 16 17 18 19 20

OBSERVATION. On fait ouvrir les rangs pour passer l'*inspection des armes*, pour reconnaître si les hommes savent se bien
placer sous les armes ; enfin, dans diverses circonstances où le
chef d'une troupe peut en apprécier l'utilité (2).

ARTICLE II.

Alignemens à rangs ouverts.

Les rangs étant ouverts, l'instructeur fera prendre

---

(1) Les hommes des deuxième et troisième rangs ne doivent pas s'inquiéter
s'ils sont ou non à leurs chefs de file.

(2) Il est une autre manière de faire ouvrir les rangs, non prescrite par le
Réglement. Je la donnerai dans la seconde partie de ce *Cours*.

quelques alignemens homme par homme, dans chaque
rang, afin de les affermir dans les principes.

A cet effet, il fera marcher les trois hommes de la
droite ou de la gauche de chaque rang, deux ou trois
pas en avant, et, les ayant alignés parallèlement au front
du peloton, il commandera :

Par file à droite (*ou* à gauche) — ALIGNEMENT.

A ce commandement, les hommes de chaque rang se
portent successivement sur l'alignement, chacun d'eux
se laissant précéder de deux pas par son voisin du côté
de l'alignement.

Après les alignemens successifs, l'instructeur fera aligner les rangs entiers à la fois, en donnant toujours trois
hommes de la droite ou de la gauche pour base d'alignement. A cet effet il commandera :

A droite (*ou* à gauche) — ALIGNEMENT.

Ensuite il fera prendre des alignemens en arrière, d'a-
près les mêmes dispositions, c'est-à-dire en faisant porter à deux ou trois pas (4 ou 5 pieds) en arrière, tantôt
les trois premières, tantôt les trois dernières files.

L'instructeur fera prendre aussi des alignemens obliques, dans lesquels le second et le troisième rangs ne cher-
cheront pas à se mettre au chef de file, puisqu'il ne s'agit
dans cette instruction que d'exercer les hommes à s'aligner correctement dans leurs rangs respectifs, dans
toute espèce de direction.

Dans ces divers alignemens, l'instructeur surveille l'exécution
au premier rang, le chef de peloton au deuxième, et le sous-
officier de remplacement au troisième, en se plaçant sur le flanc
du côté de l'alignement. — (Voyez les *Principes d'alignement*,
pag. 13-14.)

ARTICLE III.

Serrer les rangs.

Après avoir fait exécuter le maniement des armes, l'instructeur fait serrer les rangs. A cet effet, il commande :

1. Serrez vos rangs.
2. MARCHE.

Les deux derniers rangs serrent au pas ordinaire, chaque homme se dirigeant sur son chef de file. Le chef de peloton, le sous-officier de remplacement, ainsi que les deux serre-files qui étaient placés à la gauche du premier et du troisième rangs, reprennent leurs places de bataille.

ARTICLE IV.

Alignemens à rangs serrés.

Dans cette partie de la première leçon, l'instructeur fait prendre les alignemens à rangs serrés, comme il l'a fait précédemment pour ceux à rangs ouverts.

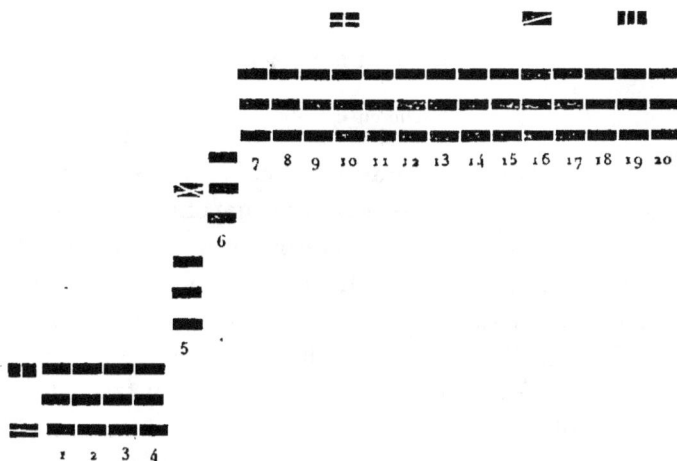

Le chef de peloton surveille l'alignement du premier

rang, le sous-officier de remplacement ceux des deuxième et troisième : ils s'habitueront à le juger « par la ligne des « yeux et des épaules , en jetant un coup d'œil par devant « et par derrière le rang. »

« Dès que le chef de peloton voit le plus grand nombre « des hommes du premier rang aligné, il commande FIXE, « et rectifie, s'il y a lieu , l'alignement des autres en les « désignant par leurs numéros. » Les deux derniers rangs se conforment à l'alignement du premier. « Le sous-of- « ficier de remplacement doit y veiller avec soin. »

Après avoir vérifié l'alignement des trois rangs, l'instructeur fait reposer le peloton , soit l'*arme au bras* , soit après avoir fait le commandement : *Reposez-vous —* SUR VOS ARMES. A cet effet il commande REPOS, et dès-lors les hommes ne sont plus tenus à garder l'immobilité.

S'il voulait conserver l'alignement, il commanderait *en place* — REPOS , et les hommes, sans conserver l'immo- bilité , tiendraient toujours l'un ou l'autre talon en place.

DEUXIÈME LEÇON.

ARTICLE PREMIER.

Marche en bataille.

Le peloton étant en bataille et correctement aligné , l'instructeur, voulant l'exercer à la marche en bataille, s'assure d'abord si le chef de peloton et le sous-officier de remplacement ont leurs épaules parfaitement dans la di- rection de leurs rangs respectifs et sont correctement placés l'un derrière l'autre. Il se porte ensuite à quinze ou vingt pas en avant du chef de peloton , fait face en ar- rière, et se place correctement sur le prolongement de la ligne qui passe entre les talons du chef de peloton et du sous-officier de remplacement.

Après s'être bien aligné sur la file de direction, il commande :

1. Peloton en avant.

A ce commandement, un sous-officier de serre-file, désigné d'avance (2), se porte à six pas en avant du chef de peloton : l'instructeur, placé comme il vient d'être prescrit, aligne ce sous-officier sur le prolongement de la file

de direction. — Ce serre-file, devant être chargé de la direction, prend, dès que sa position est assurée, deux points à terre dans la ligne droite qui, partant de lui, irait passer entre les talons de l'instructeur.

Cette disposition faite, l'instructeur commande :

2. MARCHE.

A ce commandement, le peloton partira vivement ; le sous-officier chargé de la direction observera avec la plus grande précision la longueur et la cadence du pas, marchera dans la direction des deux points qu'il avait choisis entre lui et l'instructeur, prendra, à mesure qu'il avancera, et toujours un peu avant d'arriver au point le plus près de lui, de nouveaux points en avant qui soient exactement dans le prolongement des deux premiers, et à quinze ou vingt pas l'un de l'autre ; le chef de peloton marchera constamment dans les traces du sous-officier

(1) Nous supposons, dans notre exemple, que c'est le guide de gauche.

chargé de la direction, et se maintiendra toujours à six
pas de lui : les soldats auront la tête directe, sentiront
légèrement le coude de leur voisin du côté de la file de
direction, et se conformeront aux principes de la marche
de front. (Voyez l'article V des *Notions préliminaires.*)

L'homme placé à côté du chef de peloton aura une attention particulière à ne jamais le déborder ; pour cet
effet, il tiendra toujours la ligne de ses épaules tant soit
peu en arrière, mais dans la même direction que celles
du chef de peloton.

Les serre-files marcheront à deux pas en arrière du troisième rang.

Si les soldats perdaient le pas, l'instructeur commanderait :

Au pas.

A ce commandement, les soldats jetteraient un coup-
d'œil sur le sous-officier chargé de la direction, repren-
draient tout de suite le pas de ce sous-officier, et repla-
ceraient aussitôt la tête directe.

OBSERVATIONS. Le sous-officier chargé de la direction doit
avoir soin de conserver la longueur et la cadence du pas, de
maintenir toujours ses épaules carrément, et de marcher inva-
riablement sur le prolongement de la ligne qu'il a prise avant
de se mettre en marche. — Pour cela, à mesure qu'il avance, il
prend de nouveaux points à terre, qui soient bien dans le prolongement de cette ligne, observant (il doit toujours en avoir
trois) d'en prendre un nouveau deux ou trois pas avant d'at-
teindre le plus rapproché de lui.

Faute d'observer ces principes, le peloton flotterait nécessairement, et les hommes ne pourraient contracter l'habitude de
faire des pas égaux en longueur et en vitesse, et de conserver
la carrure des épaules, seuls moyens d'arriver à la perfection de
la marche en bataille.

L'instructeur doit veiller à l'observation de tous les principes
de la marche en bataille : pour cela il se tient le plus souvent

sur le flanc du côté de la file de direction, de manière à voir les trois rangs et à remarquer les fautes. Il se place aussi quelquefois en arrière de la file de direction, s'y arrête pendant vingt ou trente pas de suite, pour s'assurer si le sous-officier chargé de la direction ne s'écarte pas de la perpendiculaire.—Il fait marcher trois ou quatre cents pas de suite, lorsque le terrain le permet, afin de mieux affermir les hommes dans tous les principes de la marche en bataille.

[S'il voulait faire marcher à rangs ouverts, il ferait passer un serre-file à la droite du deuxième rang, derrière le chef de peloton.]

Afin d'habituer les hommes à se conformer au mouvement du guide, l'instructeur fera quelquefois passer le chef de peloton à la gauche du premier rang, et le guide de gauche au troisième.—Le serre-file chargé de la direction sera établi par lui par les mêmes moyens que ci-dessus, et se conformera aux mêmes principes (1).

Maintenir les épaules carrément, les yeux fixés à quinze pas devant soi, sentir les coudes du côté du guide; céder doucement à la pression qui vient de ce côté, résister à celle qui viendrait du côté opposé; allonger ou raccourcir insensiblement le pas si l'on s'aperçoit que l'on est trop en arrière ou trop en avant; regagner peu à peu le *tact des coudes* si on l'a perdu: tels sont les principes qu'il faut observer dans la marche en bataille.

Les hommes des deuxième et troisième rangs doivent, de plus, avoir soin d'emboîter le pas, en conservant un pied de distance entre leur poitrine et le dos de leur chef de file, et de se tenir toujours correctement derrière lui.

---

(1) Tout ceci est de rigueur pour un peloton d'école; mais, pour un peloton de bataillon, il faut observer que dans la *marche en bataille*, ceux du demi-bataillon de droite ont le guide à gauche, ceux du demi-bataillon de gauche l'ont à droite, parce que c'est le drapeau qui est le guide commun.

J'ai déjà dit que dans l'ordre en colonne, le guide est à gauche lorsque l'on a la droite en tête, et à droite lorsque c'est la gauche au contraire qui ouvre la marche.

ARTICLE II.

Arrêter le peloton et l'aligner.

Pour arrêter le peloton, l'instructeur commandera :

1. Peloton.
2. HALTE.

Au deuxième commandement le peloton arrêtera, le sous-officier chargé de la direction restera devant le peloton, à moins que l'instructeur, ne voulant plus faire marcher en avant, ne lui commande de reprendre sa place de bataille.

Le peloton étant arrêté, l'instructeur pourra faire avancer les trois premières files du côté de la direction, et faire aligner le peloton sur cette base, ou bien il pourra se borner à faire rectifier l'alignement : dans le dernier cas, il commandera : *Rectifiez l'alignement.* Le chef de peloton portera aussitôt les yeux sur le rang, et rectifiera l'alignement, en désignant les files par leur numéro. (Voyez *Principes d'alignement.*)

ARTICLE III.

Marche oblique en bataille.

Le peloton étant en marche directe, si l'instructeur veut le faire marcher obliquement à droite, il commandera :

1. Oblique à droite.
2. MARCHE.

Au commandement de MARCHE, qui sera prononcé au moment où le pied gauche pose à terre, le peloton prendra le pas oblique : le sous-officier chargé de la direction aura la plus grande attention à maintenir ses épaules carrément, et à obliquer d'un mouvement égal ; le chef de peloton conformera sa marche à celle de ce sous-officier ;

les soldats conserveront le tact des coudes du côté de la
direction, et observeront avec soin les principes prescrits ci-dessus pour la marche directe. L'homme placé à
côté du chef de peloton aura le plus grand soin à ne pas
le déborder.

Lorsque l'instructeur voudra faire reprendre la marche
directe, il commandera :

1. En avant.
2. MARCHE.

Au commandement de MARCHE, qui sera prononcé à
l'instant où le pied pose à terre, le peloton reprendra la
marche directe : l'instructeur se portera vivement à quinze
ou vingt pas en avant du chef de peloton, fera face en
arrière, se placera correctement sur le prolongement du
chef de peloton et du sous-officier de remplacement, et
y placera, par un signe, le sous-officier chargé de la direction, s'il n'était pas sur cette ligne ; ce sous-officier
prendra aussitôt deux points à terre entre lui et l'instructeur, et en prendra ensuite de nouveaux à mesure qu'il
avancera, comme il a été expliqué ci-dessus.

OBSERVATIONS. Si le chef de peloton n'était pas attentif à maintenir la ligne de ses épaules carrément, il donnerait une fausse
direction au peloton, ce qui serait contraire à l'objet essentiel
de la marche oblique, qui est de faire gagner du terrain sur la
droite ou sur la gauche, en conservant la direction primitive du
front de bataille.

Si le sous-officier chargé de la direction obliquait inégale-
ment, en gagnant tantôt plus, tantôt moins de terrain de côté,
et si le chef de peloton se conformait à sa marche, il en résulterait tour à tour de la suppression et des ouvertures dans les
files.

L'instructeur doit veiller, avec le plus grand soin, à prévenir
ces fautes; il les rectifiera promptement, lorsqu'il les remar-
quera ; et pour cet effet il se tiendra, pendant la marche oblique,
en avant et face au peloton, de manière à pouvoir régler la

marche du sous-officier chargé de la direction et veiller à l'observation des principes; il aura soin que l'homme qui est à l'aile
du côté vers lequel on oblique, gagne assez de terrain de ce côté,
pour ne pas gêner la marche des files suivantes. Si cet homme
n'obliquait pas assez, le peloton crèverait; s'il obliquait trop,
il se formerait des ouvertures; il est donc important de bien régler le pas du chef de peloton, ou bien de l'homme placé à l'aile
opposée, lorsqu'on obliquera de ce côté.

Enfin, l'instructeur doit faire continuer la marche oblique
long-temps de suite, lorsque le terrain le permettra, avant de
faire reprendre la marche directe, afin d'en rendre la pratique
facile aux soldats, ce qui est très-important dans les mouvemens
de ligne.

Pour faire obliquer à gauche, les principes sont absolument les mêmes.

ARTICLE IV.

Marquer le pas, marcher le pas accéléré et le pas en arrière.

Le peloton étant en marche directe au pas ordinaire,
l'instructeur fera marquer le pas; à cet effet il commandera :

1. Marquez le pas.
2. MARCHE.

Pour faire ensuite reprendre le pas ordinaire, il commandera :

1. En avant.
2. MARCHE.

Pour faire marcher au pas accéléré, l'instructeur commandera :

1. Pas accéléré.
2. MARCHE.

Le commandement de MARCHE sera prononcé à l'instant où le pied va poser à terre, et sur le pied droit ou
le pied gauche indistinctement.

Pour faire reprendre le pas ordinaire, l'instructeur commandera :

   1. Pas ordinaire.
   2. MARCHE.

Le commandement de MARCHE sera prononcé un instant plus tôt que pour faire passer du pas ordinaire au pas accéléré, et sur l'un ou l'autre pied indifféremment.

Le peloton étant arrêté, l'instructeur pourra faire marcher le pas en arrière; à cet effet il commandera :

   1. En arrière.
   2. MARCHE.

Le pas en arrière s'exécutera d'après les principes prescrits (*Notions prélim.*, p. 13.); mais l'usage en étant peu fréquent, l'instructeur ne le fera exécuter que quinze ou vingt pas de suite, et seulement de temps à autre.

OBSERVATIONS. L'instructeur ne doit exercer le peloton au pas accéléré, que lorsque les soldats seront solidement affermis dans la longueur et la cadence du pas ordinaire; il s'attachera alors à leur rendre facile et familière la cadence de 100 par minute, et à faire observer le même aplomb du corps, et le même calme que dans la marche au pas ordinaire.

Dans la charge et dans toutes les circonstances qui pourront exiger une grande célérité, ce pas pourra être porté jusqu'à 120 par minute; mais une troupe qui marcherait ainsi long-temps ne pouvant guère manquer de se désunir, il n'a pas dû être fixé à cette mesure dans les principes de la marche; en conséquence, les troupes ne seront exercées habituellement qu'au pas accéléré de 100 par minute (1).

---

(1) La baïonnette croisée, le pas de charge doit être réduit à 15 ou 18 pouces. En effet, dans cette position, il serait physiquement impossible qu'une troupe, un seul homme même, fît le pas de deux pieds avec une vitesse de 120 par minute : il faut donc que l'accélération soit compensée par la diminution de longueur.

ARTICLE V.

Marche en bataille par le troisième rang.

Pour faire marcher en bataille par le troisième rang, l'instructeur, après avoir fait faire face en arrière, prend les mêmes dispositions qu'à l'article 1er de cette IIe leçon.

Au commandement de *Peloton en avant*, le sous-officier désigné pour être chargé de la direction se conforme à ce qui a été prescrit dans cet article, avec cette seule différence qu'il se place à six pas en avant des serre-files.

Le sous-officier de remplacement se porte sur l'alignement des serre-files, vis-à-vis son créneau, et le chef de peloton passe au troisième rang devenu le premier.

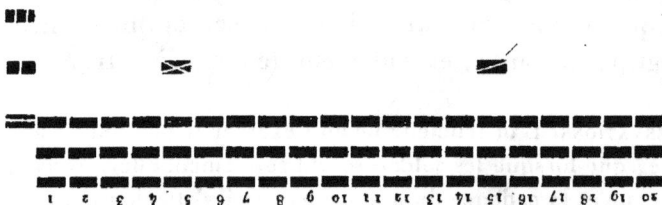

Au commandement de MARCHE, le sous-officier chargé de la direction, le chef de peloton et les hommes, se conforment à ce qui a été prescrit à l'article 1er.

OBSERVATIONS. L'instructeur n'alignera jamais le peloton par le troisième rang. S'il juge devoir faire prendre des alignemens, soit par rangs soit par files, il fera faire face en tête par un demi-tour à droite, après lequel le chef de peloton et le sous-officier de remplacement reprendront leurs places de bataille.

Il ne fera pas marcher non plus le pas en arrière.

Ces deux circonstances exceptées, il pourra faire répéter les articles 3 et 4 de cette même IIe leçon.

TROISIÈME LEÇON.

ARTICLE PREMIER.

Marcher par le flanc.

Le peloton étant en bataille de pied ferme, l'instructeur voulant le faire marcher par le flanc droit, commandera,

> 1. Peloton par le flanc droit.
> 2. A DROITE.
> 3. MARCHE.

Au deuxième commandement, le peloton fera à-droite; le chef de peloton exécutera le même mouvement en se plaçant à un pas en dehors du premier rang, de manière à se trouver à la gauche du sous-officier de remplacement, lequel se portera au premier rang en faisant de même à-droite.

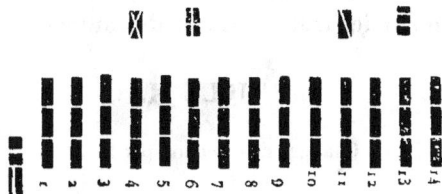

Au commandement de MARCHE, le peloton partira vivement au pas ordinaire; le sous-officier de remplacement et le chef de peloton se dirigeront droit en avant. Les hommes du second et du troisième rang marcheront à la hauteur de leur chef de file en conservant la tête directe; les serre-files marcheront à hauteur de leurs places de bataille.

L'instructeur fera marcher par le flanc gauche par les commandemens suivans :

> 1. Peloton par le flanc gauche.
> 2. A GAUCHE.
> 3. MARCHE.

3.

A l'instant où le peloton fera à-gauche, le guide de gauche se portera devant l'homme de gauche du premier rang ; le chef de peloton se portera vivement à la gauche du peloton, et se placera à la droite du guide. Le sous-officier de remplacement se porte au premier rang à l'instant où le chef de peloton se porte à la gauche.

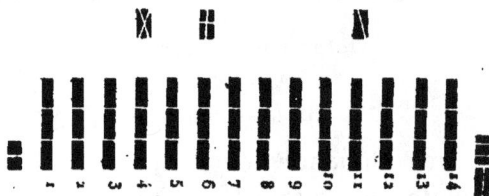

L'instructeur, pour veiller à l'exécution de la marche de flanc, se place tantôt à cinq ou six pas sur l'un des flancs, afin d'observer si les hommes conservent exactement le chef de file ; tantôt, s'arrêtant derrière le peloton, il lui laisse parcourir quinze ou vingt pas, afin d'observer si, dans chaque rang, ils marchent bien sur les traces les uns des autres.

ARTICLE II.

Changer de direction par file.

Le peloton étant par le flanc droit, de pied ferme ou en marche, l'instructeur le fera converser par file. A cet effet il commandera :

1. Par file à droite.
2. MARCHE.

Au deuxième commandement, la première file converse à droite, l'homme du troisième rang ayant soin de ne pas tourner tout à coup, mais de décrire un petit arc de cercle en raccourcissant un peu les trois ou quatre premiers pas, afin de donner à l'homme du premier rang le temps de se conformer à son mouvement.

Si l'on conversait par file à gauche, le peloton étant

par le flanc droit, l'homme de droite du premier rang
exécuterait ce qui vient d'être dit pour celui du troisième.

L'instructeur doit tenir la main à l'observation de ces principes, et à ce que la distance entre les files soit toujours con-
servée, afin qu'il n'y ait ni temps d'arrêt ni à-coups dans la
marche.

En résumé, de quelque côté que se fasse une conversion
par file, l'homme du premier rang ou celui du troisième
décrit un petit arc de cercle en raccourcissant les trois ou
quatre premiers pas, et celui des deux qui est du côté
opposé à celui vers lequel converse le peloton fait le pas
de deux pieds.

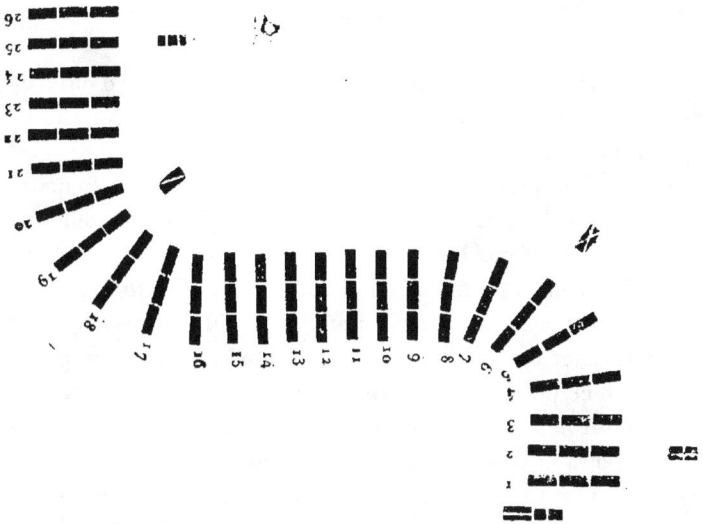

Observations sur la marche de flanc.

Quelque exercée que soit une troupe, il est impossible qu'un
peloton composé d'un certain nombre de files ne s'allonge pas,

plus ou moins, lorsqu'il a marché quelque temps; de sorte que lorsqu'il se remet de front, il est indispensable de le faire aligner.

Cet inconvénient, qu'il faut, autant que possible, faire disparaître dans les manœuvres de bataillon, où il se propagerait d'une manière très-sensible, surtout dans les déploiemens sur l'une ou l'autre aile; cet inconvénient, disons-nous, provient de ce que, dans la marche par l'un ou l'autre flanc, la distance d'un pied, qui est celle d'un rang à l'autre lorsque l'on est face en tête, n'existe plus entre les hommes dans chaque rang; car l'espace qu'occupe un homme de front étant de dix-huit pouces, et l'épaisseur du même homme, la giberne y comprise, de plus d'un pied, il ne reste plus, de l'un à l'autre, que six pouces au plus, et la liberté de la marche est entravée (1). — Ainsi, par exemple, en supposant que neuf pouces soient rigoureusement nécessaires entre chaque homme, un peloton de vingt files se sera, au bout d'une trentaine de pas, allongé de trois fois vingt pouces, ou cinq pieds.

Il est donc urgent, au commandement de MARCHE, d'enlever le pas d'une manière bien décidée, et d'avoir soin de serrer autant que possible, dût-on éprouver quelque gêne.

Dans certaines manœuvres de bataillon, telles que plusieurs formations en colonne, les déploiemens, etc., MM. les officiers feront bien de ne pas laisser filer entièrement leurs subdivisions. — Le commandement de *peloton* (ou *division*), prononcé lorsqu'il reste un certain nombre de files à arriver à la hauteur du chef de peloton (ou de division), est pour le guide qui conduit ce peloton (ou cette division) un avertissement de raccourcir un peu le pas, afin qu'à celui de HALTE la distance qui se trouvera entre ce guide et le chef de peloton (ou de division), soit autant que possible, égale à l'étendue du front de sa subdivision.—Il en résultera qu'au commandement de *à droite* (ou *à gauche*) ALIGNEMENT, les hommes, ayant repris à peu près leurs distances respectives, ne seront pas obligés de se

---

(1) Cela est plus vrai encore lorsque les hommes ont le sac au dos.

rejeter du côté opposé à celui vers lequel ils auront marché (1).

MM. les sous-officiers qui remplissent les fonctions de guides doivent, dans ces circonstances, seconder leurs chefs de pelotons, ou même suppléer jusqu'à un certain point à leur insuffisance ou à leur manque de mémoire. — Pour cela faire, ils devront se rappeler de quel nombre de files le peloton est composé, et calculer sur cette base le moment où ils pourront raccourcir le pas si l'officier tardait trop à faire les commandemens que lui seul peut et doit prononcer.

Quelquefois, afin de gagner du temps, au lieu d'arrêter le peloton et l'aligner, on lui fait reprendre la marche de front. —Pour cela le chef de peloton commande : *peloton par le flanc gauche* (ou *par le flanc droit*) — MARCHE. Au commandement d'exécution, qui se fait au moment où le pied (le pied droit si l'on fait par le flanc droit, le gauche dans le cas contraire) est à terre, les hommes tournent le corps du côté indiqué, posent le pied qui est levé dans la nouvelle direction, et repartent de l'autre sans altérer la cadence ni la mesure du pas. — Le chef de peloton se porte au centre de son peloton, et commande *guide à gauche* (ou *à droite*) suivant le cas. Les hommes, sans se précipiter, regagnent peu à peu le tact des coudes, et se conforment à ce qui est prescrit à l'article 1ᵉʳ de la IIᵉ leçon (2).

---

(1) Par exemple, dans la formation en colonne *par peloton en arrière à droite*, il n'est personne qui n'ait remarqué qu'après avoir laissé trop filer les pelotons, l'alignement devient tout à la fois plus long et moins exact.

(2) Les *à-droite* et les *à-gauche* en marchant, par lesquels une troupe, vue de front ou de flanc, passe à l'une ou l'autre de ces positions, font reconnaître aux yeux les moins exercés les infractions commises à des règles que l'on peut dire *strictement inexécutables*, mais qu'il faut suivre aussi approximativement que possible.

ARTICLE III.

Arrêter le peloton et le remettre face en tête.

L'instructeur commande :

1. Peloton.
2. HALTE.
3. FRONT.

Au deuxième commandement le peloton s'arrête, et personne ne bouge plus, quand même il aurait perdu sa distance.

A celui de FRONT le peloton revient face en tête par un à-gauche s'il est par le flanc droit, par un à-droite s'il est par le flanc gauche.

Le chef de peloton et le sous-officier de remplacement (le guide de gauche également, si l'on a marché par le flanc gauche) reprennent leurs places de bataille.

L'instructeur pourra faire prendre un alignement en donnant trois files pour base, ou rectifier l'alignement par le chef de peloton. Il commanderait alors : *Rectifiez l'alignement.*

ARTICLE IV.

Le peloton étant en marche par le flanc, le former sur la droite (*ou* sur la gauche) par file en bataille (1).

Le peloton étant en marche par le flanc droit, l'in-

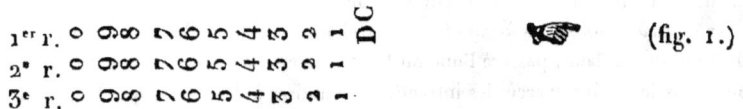

1ʳ r. ○ ⚇⚇ ⚇⚇⚇⚇⚇⚇ DC   ☞   (fig. 1.)
2ᵉ r. ○ ⚇⚇ ⚇⚇⚇⚇⚇ ─
3ᵉ r. ○ ⚇⚇ ⚇⚇⚇⚇ ─

structeur le fera former sur la droite par file en bataille de la manière suivante.

Après avoir déterminé la ligne de bataille (par des

(1) Pour la confection des figures destinées à rendre palpable ce mouve-

points pris à terre ou par tout autre moyen), à au moins
cinq pas du troisième rang et parallèlement à la direction
du peloton, il commandera :

>   1. Sur la droite par file en bataille.
>   2. MARCHE.

Au commandement de MARCHE, les deuxième et troisième rangs marquent le pas ; le sous-officier de remplacement et le chef de peloton tournent à droite, puis
marchent droit devant eux : ils sont arrêtés par l'instructeur lorsqu'ils sont arrivés au point où doit s'appuyer la
droite du peloton.

Le numéro 1 du premier rang, qui a continué de marcher, passe derrière le sous-officier de remplacement, fait
à-droite aussitôt qu'il l'a dépassé, et se dirige vers la
ligne de manière à se placer à la gauche de ce guide ; le
numéro 2 passe derrière le numéro 1, fait *à-droite*, et se
porte à la gauche de ce même numéro 1 : les numéros 3 ,

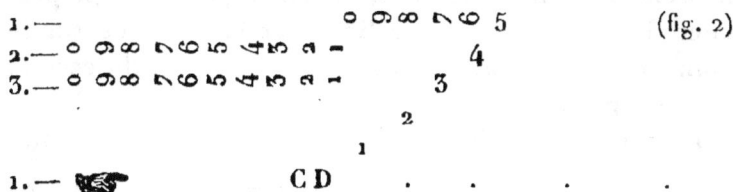

(fig. 2)

---

ment assez compliqué, j'ai substitué l'emploi des chiffres à celui des ▬ ,
parce que chaque homme est désigné par son numéro dans le rang. — Les
chiffres couchés indiquent le peloton en marche par le flanc (et qui, lorsqu'il
était censé de front, tournait le dos au lecteur) ; ceux qui se présentent dans
leur position naturelle figurent les hommes qui, après avoir fait *à-droite*
(*à-gauche* dans la fig. 7), se dirigent vers la ligne de bataille, dont la direction
est montrée par une ☞. — Afin de simplifier ces figures, j'ai supprimé les
serre-files, qui, dans tous les mouvemens de flanc, doivent se tenir à la hauteur de leurs places de bataille, et, dans celui qui nous occupe ici, se conformer à celui du troisième rang, c'est-à-dire ne commencer le leur que quand
trois hommes au moins de ce rang sont placés. — C, chef de peloton ;
D, guide de droite ; G, guide de gauche (dans la fig. 7).

4, 5, 6, etc. etc., en font autant respectivement l'un à
l'autre, ayant soin de ne faire leur *à-droite* qu'au fur et à
mesure qu'ils arrivent à la hauteur de la place qu'ils doivent occuper sur la ligne.

Aussitôt que le numéro 1 du second rang voit les numéros 1, 2, 3, du premier placés sur la ligne, il dépasse
le troisième rang, fait *à-droite*, et vient se placer direc-
tement derrière son chef de file ; les numéros 2, 3 et suivans continuent le mouvement en se conformant à ce qui
vient d'être dit pour le premier rang.

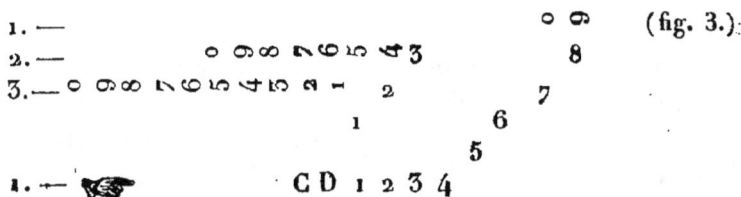

1. —   o ao   (fig. 3.)
2. —   o ao co ~ co ~ ~ 3   8
3. —o ao co ~ co ~ ~ ~ a ~ 2   7
                             1   6
                              5

1. — ☞   C D 1 2 3 4

Pendant que le deuxième rang exécute son mouvement,
le premier continue le sien, de sorte que ses sept premiers hommes sont sur la ligne, et le huitième sur le
point d'y arriver, au moment où le numéro 4 du second
rang s'y place.

Lorsque le numéro 1 du troisième rang voit les nu-

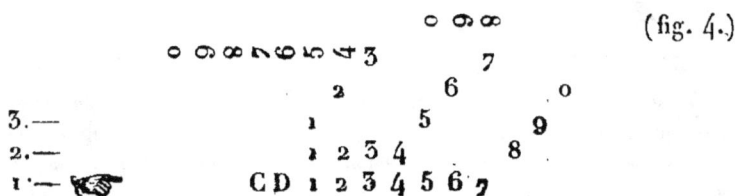

                             o ao co   (fig. 4.)
          o ao co ~ co ~ ~ 3   7
                   2   6   o
3. —   1   5   9
2. —   1 2 3 4   8
1. — ☞   C D 1 2 3 4 5 6 7

méros 1, 2 et 3 du deuxième établis sur la ligne, il fait
à-droite et se dirige vers son chef de file ; le reste du rang
exécute ce qui vient d'être dit pour les deux premiers.

Le chef de peloton, qui en arrivant sur la ligne s'est
placé à la droite du guide, dirige l'alignement.

OBSERVATIONS. Ne pas tourner trop tôt ni trop tard, se diriger vers la ligne de bataille en marchant sur une perpendiculaire à cette ligne, se placer correctement à son chef de file, s'arrêter à six pouces en arrière de la ligne, et s'y porter ensuite par de *petits pas* successifs, sont des conditions indispensables pour bien exécuter cette formation.

Si l'on était *l'arme au bras*, chaque homme, en s'arrêtant, se mettrait au *port d'armes*.

La figure 5 représente le peloton au moment où, le premier rang étant entièrement formé, les trois dernières files du deuxième ont fait *à-droite* et se dirigent vers la ligne; les n°ˢ 5, 6, 7 du troisième sont dans la même position, tandis que les 8, 9, o, marchent toujours devant eux en prolongeant la direction primitive.

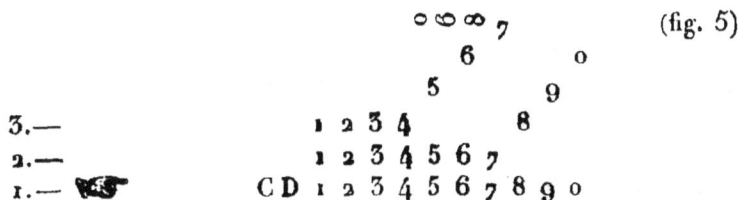

```
                      o ʊ ∞ 7           (fig. 5)
                          6        o
                        5             9
3.—                   1 2 3 4        8
2.—                   1 2 3 4 5 6 7
1.— 🖘          C D 1 2 3 4 5 6 7 8 9 o
```

Dans la figure 6, les premier et deuxième rangs sont entièrement formés, le troisième sur le point de l'être.

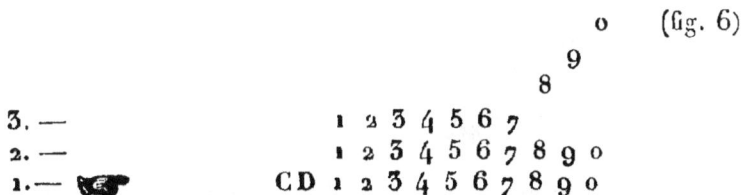

```
                                 o     (fig. 6)
                                   9
                                 8
3. —               1 2 3 4 5 6 7
2.—                1 2 3 4 5 6 7 8 9 o
1.— 🖘        C D 1 2 3 4 5 6 7 8 9 o
```

Sur la gauche par file en bataille. — Ce mouvement s'exécute par les mêmes principes que celui *sur la droite*, mais par les moyens inverses, c'est-à-dire qu'au lieu de faire *à–droite*, chaque homme fait *à–gauche :* il commence par le dernier homme du premier rang, au lieu de commencer par le numéro 1; les numéros 9, 8, 7, 6, 5, 4, 3, 2, 1, se placent de gauche à droite, dans chaque rang. Cette formation s'emploie lorsque le peloton marchant par le *flanc gauche*, on veut lui faire faire *face à gauche* par le premier rang, de même que, dans la précédente, on lui a fait faire *face à droite*, puisqu'il marchait par le *flanc droit*.

Exemple. — Peloton qui se forme *sur la gauche par file en bataille*. Il est aussi avancé dans son mouvement que celui de la fig. 4 dans la formation *sur la droite*.

(fig. 7.)

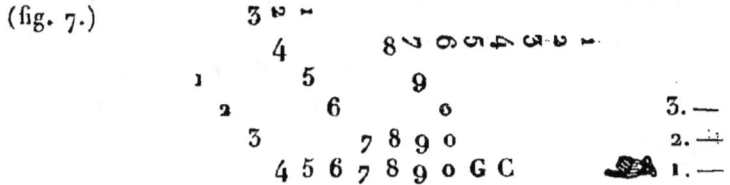

Quel que soit le nombre des files d'un peloton, il peut se former sur la droite ou sur la gauche par file en bataille; souvent même un ou plusieurs bataillons sont obligés de recourir à ce mode de déploiement : par exemple, après le *passage du défilé*.

Afin de mieux faire sentir le mécanisme de ce mouvement, l'instructeur le fera exécuter d'abord séparément par chaque rang : les hommes reconnaîtront plus vite qu'ils font tous individuellement la même chose dans leurs rangs respectifs.

Motifs et Usages.

Selon moi, deux motifs ont dû faire adopter cette manœuvre, qui, faute d'autre plus expéditive, a deux avantages : 1° elle épargne du temps en dispensant une troupe de parcourir deux fois l'étendue de son front; 2° elle dispense de prendre des alignemens généraux, opération d'autant plus longue que la troupe est plus nombreuse.

Si le terrain permet de se mettre en colonne (je suppose dans ce moment qu'il s'agit d'un ou de plusieurs bataillons), on pourrait faire entrer les pelotons en ligne, et se former *sur la droite* (ou *sur la gauche*) *en bataille*. — L'analogie entre ces deux formations est frappante; j'essaierai de le démontrer à la suite de l'article 5 de la Vᵉ leçon.

Lorsqu'une troupe vient s'établir sur un terrain quelconque, tel qu'une cour, par exemple, l'officier qui la commande a quatre problèmes à résoudre.

Iᵉ Faire face à droite : autrement, appuyer sa droite au point par lequel on arrive.

IIᵉ Faire face à gauche, ou appuyer sa gauche au point par lequel on arrive.

IIIᵉ Faire face en arrière, ou regarder le côté par lequel on arrive.

IVᵉ Faire face en avant, ou tourner le dos au côté par lequel on arrive.

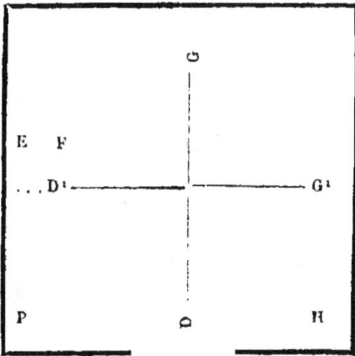 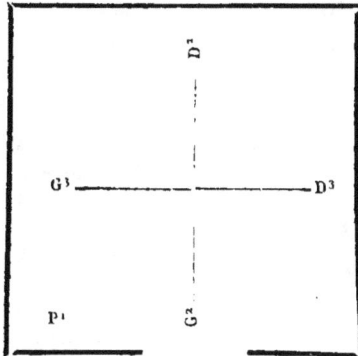

Fig. 1.   Fig. 11.

I. (Fig. 1.) — Aussitôt que la droite du peloton est parvenue à la hauteur du point D, où elle doit être appuyée, on se forme sur la droite par file en bataille.

II. (Fig. 11.) — Parcourir la ligne de bataille de G² en D², arrêter lorsque la droite du peloton est en D² , faire front ensuite.

III. (Fig. 1.) — Ce problème peut être résolu de plusieurs manières :

1ᵒ La droite du peloton, sitôt entrée, se dirige diagonalement vers G¹ (où doit être appuyée la gauche) ; on fait entrer le peloton en ligne avant qu'elle ait atteint ou après qu'elle a dépassé la ligne D¹ G¹ ; on l'arrête, puis l'on exécute la contremarche. (Voyez l'art. 5 de la IIIᵉ leçon, et l'art. 4 de la Vᵒ.)

2° On fait par file à droite en **D**, puis par file à gauche en **H**; parvenu à la hauteur du point **G¹** où doit s'appuyer la gauche, on fait de nouveau par file à gauche; on parcourt la ligne de bataille, on s'arrête en **D¹**, puis l'on fait front (1).

3° L'on fait par file à gauche en **D**, par file à droite en **P**; coupant le prolongement de la ligne de bataille, on marche jusqu'en **E**, où l'on fait de nouveau par file à droite; alors on se dirige parallèlement à la ligne de bataille, et, parvenu en **F**, on se forme sur la droite par file en bataille (2).

IV. (Fig. II.) 1° Faire par file à gauche en **G²**, par file à droite en **P¹**, arriver sur la ligne de bataille par **G³**, marcher jusqu'à **D³**, s'arrêter, et faire front (3).

2° Plus expéditivement : marcher diagonalement vers **D³**, entrer en ligne aussitôt que faire se peut, et s'arrêter (4).

Ces quatre problèmes, comme on le voit, se réduisent à deux : pour les résoudre, il suffit, après avoir déterminé la ligne de bataille, de venir s'y établir par les moyens les plus prompts ou le chemin le plus court.

ARTICLE V.

Le peloton étant en marche par le flanc, former le peloton et les sections en marchant.

Le peloton étant en marche par le flanc droit, l'instructeur ordonne au chef de peloton de le faire former; aussitôt celui-ci commande :

1. Par peloton en ligne.

2. MARCHE.

Au commandement de MARCHE, le sous-officier de rem-

_____

(1) Le peloton, dans ce cas, *passe par la gauche* de sa ligne de bataille; ce qui rentre dans le second problème.

(2) Le peloton gagne alors *la droite* de sa ligne de bataille; ce qui rentre dans le premier problème.

(3) Le peloton vient s'établir sur sa ligne de bataille en *passant par la gauche* de cette ligne : c'est le cas du second problème.

(4) C'est la première solution du troisième problème, moins la contre-marche.

placement continue de marcher droit devant lui; les hommes avancent l'épaule droite, prennent le pas accéléré, et se portent en ligne par le chemin le plus court, en observant de n'y entrer que l'un après l'autre, *carrément* et sans courir. En y arrivant, ils prennent le pas du sous-officier de remplacement. — Les hommes des second et troisième rangs doivent se conformer au mouvement de leurs chefs de files, mais sans essayer d'arriver en ligne en même temps qu'eux.

Le chef de peloton, qui, en faisant son commandement, s'est retourné face à son peloton, afin de surveiller l'exécution, commande *guide à gauche* dès qu'il le voit formé, puis fait face en tête, et, se portant à deux pas en avant du centre, prend le pas du peloton.

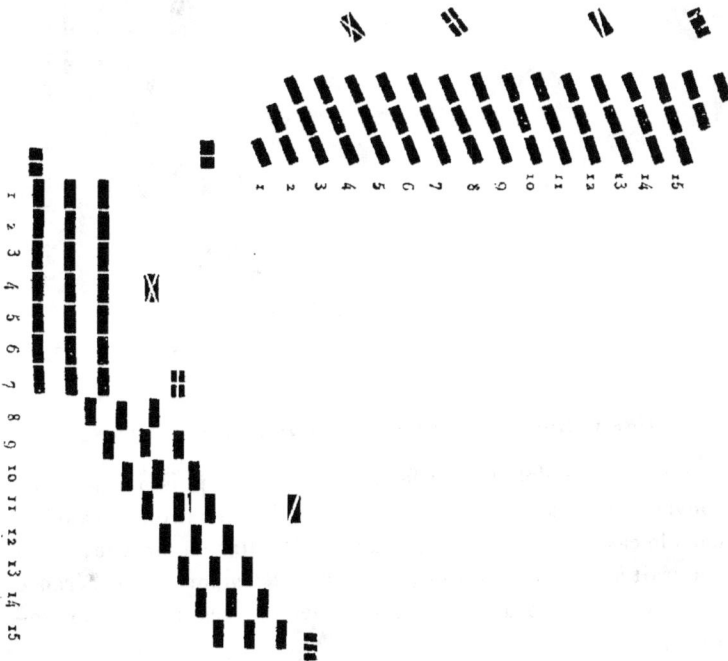

Au commandement de *guide à gauche*, le guide de gauche

se porte sur le flanc gauche, au premier rang; le sous-
officier de remplacement reste à l'aile opposée.

Lorsque le peloton marche *par le flanc gauche*, les hommes
avancent *l'épaule gauche*, afin de se porter *à droite*, de même
que, dans le cas contraire, ils avancent *l'épaule droite*, afin de
se *porter à gauche*. — Le chef de peloton, dans le premier cas,
commande : *Guide à droite* aussitôt qu'ils sont entrés en ligne.

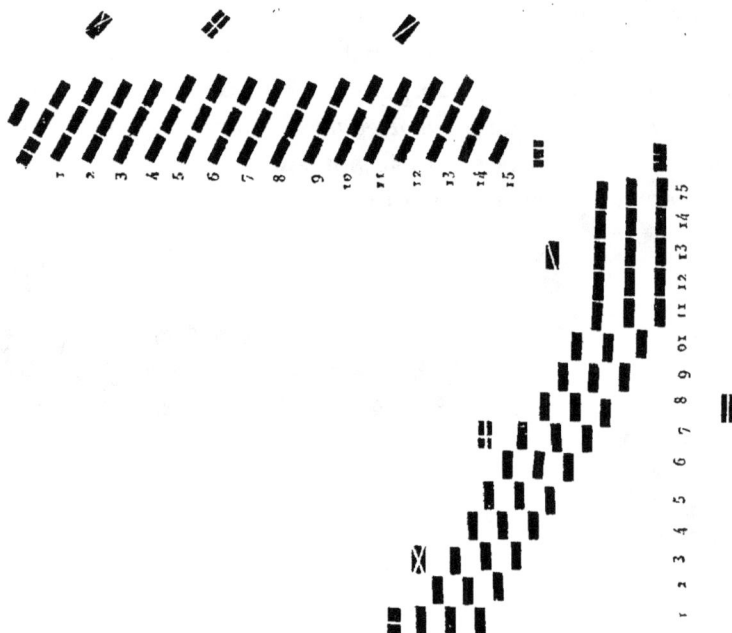

Observations sur le mouvement de PELOTON EN LIGNE.

Arrêter le peloton, lui faire faire front, puis un quart de
conversion à droite lorsqu'il marche par le flanc droit (à gauche,
dans le cas contraire), après quoi le remettre en marche, équi-
vaudrait à le faire entrer en ligne (à cette importante différence
près, de la perte de temps occasionée par ces diverses opéra-
tions).

Cette formation tient donc en quelque chose à la conversion,
et pourrait même, selon moi, être définie une *conversion* DÉ-

cousue. En effet, au lieu de pivoter, l'aile sur laquelle s'appuie le mouvement prolonge la direction primitive, et par là,
au lieu de servir de point d'appui à la conversion, lui échappe :
l'aile marchante, afin de ne pas rester en arrière et de regagner
l'alignement, est obligée de précipiter son allure : si l'on est en
marche au pas ordinaire, elle prend le pas accéléré ; si l'on
marche à ce pas, force lui est bien de courir. Toutefois faut-il,
dans l'un comme dans l'autre de ces cas, ne pas trop se désunir,
ce qui arriverait infailliblement si l'on avançait trop l'épaule
qui est la plus voisine du guide ; non plus que se mettre en globe,
ce qui a lieu lorsque, par trop de précipitation et n'avançant
pas assez cette épaule, on se rejette trop du côté du guide.

Le mouvement par lequel un peloton entre en ligne ressemble
beaucoup aussi à celui par lequel une colonne se forme *en avant
en bataille*. — Dans le premier, chaque file exécute ce que,
dans le second, chaque peloton opère indépendamment de ceux
qui le précèdent ou qui le suivent ; c'est-à-dire que chaque file,
comme chaque peloton (plus exactement, chaque guide de direction), marche vers la ligne de manière à arriver *obliquement*
(et à hauteur de sa place de bataille) sur une parallèle (1) qui
serait tracée à quelques pas en arrière de cette ligne, leurs
traces étant parallèles entre elles.

Pour faciliter l'intelligence de ce mouvement aux hommes
de recrue, j'ai vu procéder ainsi :

Après avoir arrêté le peloton en marche par le flanc droit,
l'instructeur faisait faire quatre ou cinq pas au sous-officier de
remplacement ; ensuite il faisait avancer l'épaule droite aux
hommes, autant qu'il est nécessaire, puis, leur traçant sur le
terrain la ligne qu'ils devaient suivre, et leur faisant face, il
conduisait la première file sur l'alignement du sous-officier de
remplacement ; celle-ci établie, il passait à la seconde, puis à
la troisième, et ainsi successivement de file en file, jusqu'à la
dernière.

---

(1) A mesure qu'ils atteignent cette *parallèle imaginaire*, les pelotons ou
les files doivent se placer *carrément*, afin de *tomber* (si je puis ainsi parler)
perpendiculairement sur la ligne de bataille.

4

Replaçant le peloton sur le même flanc, il opérait de la même manière de deux en deux files, puis de quatre en quatre, de six en six ; enfin , il faisait arriver le peloton entier.

Après cinq ou six leçons de pied ferme, des hommes qui entendaient à peine le français exécutaient la formation *peloton en ligne*, soit par le flanc droit, soit par le flanc gauche, en marchant au pas accéléré, sans se tromper de rang ni de file, et aussi régulièrement que l'on peut le désirer.

Pour faire former les sections, le peloton marchant par le flanc droit, l'instructeur en donnerait avis au chef de peloton , qui commanderait *par section en ligne*. — Le chef de la deuxième section se porterait alors devant le centre de cette section , en passant par la gauche du peloton.

Au commandement de MARCHE, prononcé par le chef de peloton seulement, l'homme de droite de chaque section continue de marcher devant soi : le sous-officier de remplacement oblique un peu à droite, afin de démasquer celui de la première.

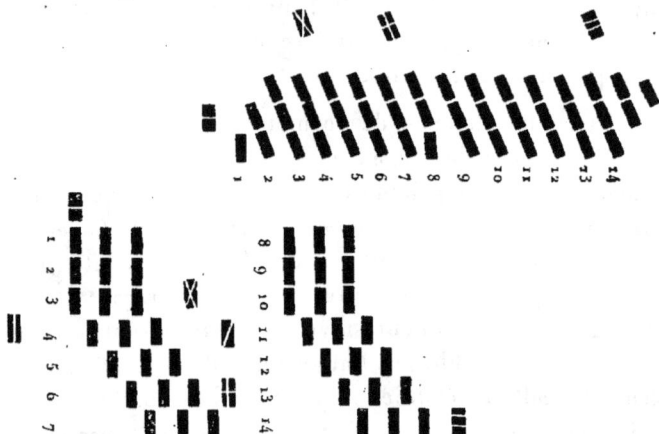

[*N. B.* Cette figure , quoiqu'elle ne soit pas une représentation fidèle de la formation des sections, suffira pour en faire comprendre le mécanisme. — Il faut la supposer d'une seule pièce, et que les ▬ numérotés 1 et 8 dans chacune des deux parties dont elle se compose sont juxtaposés : supposition qui démontre l'impossibilité de tracer avec précision l'image d'un mouvement tout à la fois fractionnaire et progressif.]

Chaque chef de section, aussitôt que sa section est formée, commande *guide à gauche*. — Le sous-officier de remplacement se porte alors vivement à la gauche du premier rang de la première section, dont il devient guide de gauche.

Si le peloton était précédemment par le flanc gauche, les chefs de sections commanderaient *guide à droite;* le sous-officier de remplacement resterait à sa place, et le guide de gauche se porterait à la droite du premier rang de la seconde section, dont il serait alors guide de droite.

On le voit, la formation *en ligne* amène à l'ordre en colonne *la droite en tête* une troupe qui marche *par le flanc droit*, et *la gauche en tête* si elle marchait *par le flanc gauche*. Le chef de peloton étant toujours, dans l'un comme dans l'autre cas, du côté du premier rang, et se retournant face à son peloton pour commander *en ligne*, il n'y a pas lieu d'hésiter sur le côté vers lequel se doit opérer ce mouvement: il suffit de marcher vers lui.

Je répète que les sections ne sont jamais encadrées. En effet, le peloton n'ayant que deux guides, chacun d'eux doit rester attaché à la section dont il fait partie dans l'ordre de bataille : il faut donc qu'ils soient, suivant le besoin, guide de gauche ou guide de droite de leur section respective.

QUATRIÈME LEÇON.

ARTICLE PREMIER.

Rompre en colonne par section.

L'instructeur voulant faire rompre par section à droite, commande,

1. Par section à droite.

Le chef de peloton se porte aussitôt devant le centre de la première section; le chef de la seconde, devant le

4.

centre de la sienne, en passant par la gauche du peloton : l'un et l'autre prévient que c'est *la gauche qui marche*.

Ces dispositions prises, l'instructeur commande :

2. MARCHE.

A ce dernier commandement, l'homme de droite du premier rang de chaque section fait *à-droite;* les chefs de sections se portent vivement, et par la ligne la plus courte, au point où doit appuyer l'aile marchante, font face en arrière, et se placent de manière à former, avec l'homme de droite du premier rang, une ligne perpendiculaire à celle qu'occupait le peloton en bataille. — Les sections conversent d'après les principes que j'ai donnés aux *Notions préliminaires*. — Lorsque l'homme qui conduit l'aile marchante est à deux pas de lui, chaque chef de section commande : *première* (ou *deuxième*) *section*, HALTE.

Au commandement de HALTE, les sections arrêtent : le sous-officier de remplacement (1), dans la première; le guide de gauche (2), dans la deuxième, se portent, au même instant, au point où doit appuyer la gauche de leur

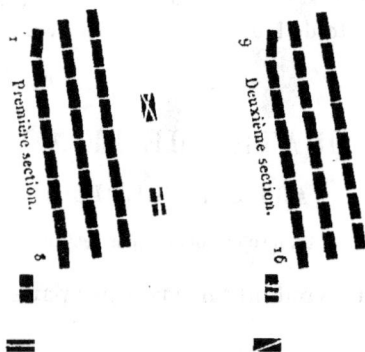

Première section.   Deuxième section.

(1) Il passe toujours devant le front de la section.
(2) En passant par la gauche du peloton.

section, ayant soin de laisser entre eux et l'homme de droite l'espace nécessaire pour contenir le front de leur. section.

Après avoir aligné son guide sur l'homme de droite de sa section (lequel, nous l'avons dit, a fait *à-droite*), le chef de section fait deux pas en arrière, et commande :

A gauche — ALIGNEMENT.

L'alignement achevé, chaque chef de section commande : FIXE, et vient se placer à deux pas devant le centre de sa section.

Pour faire rompre à gauche, l'instructeur commande :

1. Par section à gauche.

A ce commandement les chefs de sections se portent. devant le centre de leurs sections, et préviennent que c'est *la droite qui marche.*

2. MARCHE.

A ce deuxième commandement, l'homme 'de gauche

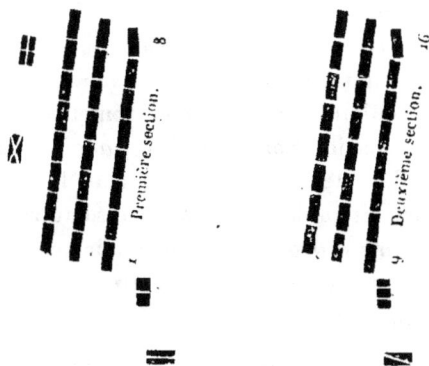

du premier rang de chaque section fait *à-gauche*, et les sections conversent d'après les principes des conversions de pied ferme. — Les chefs de sections se conforment à ce qui a été prescrit ci-dessus.

Au commandement de HALTE, prononcé par le chef de la seconde section, le guide de gauche se porte à la droite de cette section, et se place de manière à laisser entre lui et l'homme de gauche l'étendue du front de sa section; le sous-officier de remplacement, qui est resté à la droite du premier rang, s'aligne également sur l'homme de gauche de la première section.

Les chefs de sections commandent :

1. A droite — ALIGNEMENT.
2. FIXE.

Ensuite ils se portent au centre de leur section.

OBSERVATIONS. — Les chefs de sections (celui de la deuxième lorsque l'on rompt à droite, celui de la première dans le cas contraire) ne doivent pas chercher à aligner leurs guides sur celui qui le précède : c'est à lui, s'il est mal placé, à reprendre sa direction lorsque la colonne se sera mise en marche.

L'homme de droite (ou de gauche) qui, dans chaque section, a fait *à-droite* (ou *à-gauche*) étant le véritable pivot de la conversion, l'homme du premier rang à côté de lui doit gagner un peu de terrain en avant en conversant, de manière *seulement* à démasquer le pivot.

Lorsque l'on a rompu à droite, la colonne a la droite en tête; lorsque l'on a rompu à gauche, c'est la gauche qui est en tête. — Si donc on voulait, sans marcher, remettre le peloton en bataille, chaque section converserait *à gauche* dans le premier cas; *à droite* dans le second. — Or, dans l'un (le premier) nous avons placé les guides *à gauche ;* dans l'autre (le deuxième) nous les avons mis *à droite :* ce qui confirme le principe déjà énoncé que dans une colonne qui a la *droite en tête* la direction est toujours *à gauche* (1), et *vice versâ.*

---

(1) Excepté pour défiler devant un personnage éminent. Dans ce cas on place le plus ordinairement *le guide à droite,* parce que la personne à qui l'on rend les honneurs est presque toujours sur le *flanc droit* de la colonne. A mesure que chaque bataillon a *défilé,* son chef commande : *guides à gauche.* —

Les chefs de pelotons ou de sections, lorsque l'on rompt en colonne, doivent avoir soin de ne pas laisser trop ou trop peu converser leurs subdivisions. — L'homme opposé au côté vers lequel on converse (celui qui est le pivot de la conversion) ne peut *jamais* être obligé de se déranger, puisqu'il est la base de l'alignement. — J'ai vu des chefs de peloton qui, faute d'observer ces principes, et s'apercevant qu'ils établissaient leur peloton obliquement à la ligne de bataille primitive, faisaient, pour couvrir cette faute, reculer ou avancer l'aile opposée à celle qui avait marché ; par-là leur guide ne se trouvait plus à sa distance, même avant que la colonne se soit ébranlée : ceux des subdivisions suivantes, se croyant mal placés, allongeaient ou raccourcissaient le pas pour reprendre la leur.

Quelquefois les pelotons ou les sections n'ont pas le même nombre de files ; il n'en faut pas moins se conformer rigoureusement aux principes posés ci-dessus : c'est aux guides à réparer en marchant cet inconvénient qui, dans la Garde Nationale surtout, se présente assez souvent parce que MM. les capitaines souffrent difficilement qu'on leur enlève une ou plusieurs files de leur compagnie, ou qu'on leur en donne de la suivante.

ARTICLE II.

Marcher en colonne.

Après avoir assuré la direction en faisant prendre au guide de la première section deux points à terre en lui faisant face (à quinze ou vingt pas de distance) et en se plaçant de manière que ce guide lui masque celui de la deuxième (1), l'instructeur commande :

1. Colonne en avant.
2. Guide à gauche.
3. MARCHE.

Il est quelques manœuvres dans lesquelles le guide est momentanément indiqué à droite, quoique la colonne soit dans l'ordre direct. Ce n'est pas ici le lieu de détailler les motifs de ces exceptions. (Voyez l'art. 5 de la Vᵉ leçon.)

(1) La disposition que prend ici l'instructeur est la même qu'à l'article 1 ᵉ de la IIᵉ leçon.

A ce dernier commandement, que les chefs de sections répètent vivement (1), ils enlèvent, ainsi que les guides, par un pas décidé, la marche de leurs sections, en sorte qu'elles partent au même instant.

Les hommes sentent légèrement le coude de leur voisin du côté du guide, et observent les principes prescrits à l'article 1er de la IIe leçon; seulement, l'homme placé à la droite du guide se tient à six pouces de lui, afin d'éviter de le pousser hors de la direction, et observe aussi de ne jamais le déborder.

Le guide de la tête doit observer la longueur et la cadence du pas, et assurer sa direction en prenant, à mesure qu'il avance, de nouveaux points à terre, qui soient bien exactement dans le prolongement des deux premiers, ayant soin de ne pas attendre qu'il soit arrivé à celui dont il est le plus rapproché.

Le guide suivant marche dans la trace du premier, conserve une distance égale à l'étendue du front de la section, ainsi que le même pas. — Si, par sa faute, il perdait sa distance, il la reprendrait en allongeant ou en raccourcissant insensiblement le pas, afin qu'il n'y ait jamais ni à-coups ni temps d'arrêt dans la marche.

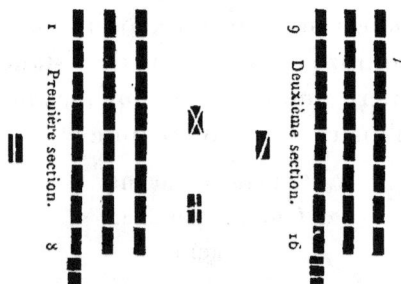

(1) En colonne, les chefs de pelotons et de sections répètent les commandemens de MARCHE et de HALTE. Ils doivent donc prêter attentivement l'oreille au chef de colonne.

Qu'il se soit jeté en dehors ou en dedans de la direction, ce guide ne doit jamais obliquer pour y revenir, car alors il laisserait s'établir trop de distance entre sa section et celle qui le précède, mais il avancera un peu l'épaule opposée au côté vers lequel il devra se porter (1).

Les chefs de sections font de temps en temps face à leurs sections, afin de faire réparer les fautes qui se commettraient, comme la perte de l'alignement ou du pas.

La colonne ayant la gauche en tête, ce qui arrive chaque fois que l'on a rompu à gauche, l'instructeur, après avoir assuré la direction des guides, commande :

> 1. Colonne en avant.
> 2. Guide à droite.
>   3. MARCHE.

A ce commandement, vivement répété par les chefs de sections, la colonne s'ébranle ; et chacun, chefs de sections, guides, et soldats, se conforme aux préceptes donnés ci-dessus pour la marche en colonne la droite en tête, avec cette différence seulement que le tact des coudes est *à droite* au lieu d'être à gauche.

---

(1) En effet, le pas oblique ne donnant que dix-sept pouces en avant, il perdrait sa distance.

Observations relatives à la marche et à la direction
en colonne.

Si les chefs de sections et les guides négligeaient d'enlever
vivement leur section et de décider la marche dès le premier pas,
elle commencerait par être incertaine ; le pas et les distances se
perdraient.

Si le guide de la tête ne marchait point un pas égal, la marche
de sa section et de celle qui suit serait incertaine ; il y aurait du
flottement, des temps d'arrêt et des à-coups.

Si le guide de la tête n'était pas habitué à se prolonger, sans
varier, dans une direction donnée, il décrirait dans sa marche
une ligne courbe, et la colonne serpenterait.

Si le guide suivant n'était pas habitué à marcher dans la trace
du guide qui le précède, il perdrait à tout moment sa distance,
dont l'observation est le premier principe dans la marche en
colonne.

Le guide de chaque section sera responsable de la distance,
de la direction et du pas : le chef de section le sera de l'ordre
et de l'ensemble dans sa section ; en conséquence il se retournera
souvent pour y veiller.

L'instructeur, placé sur le flanc du côté des guides, veillera à
l'exécution de tous les principes prescrits ; il se placera aussi
quelquefois en arrière des guides, s'y alignera correctement, et
s'y arrêtera pendant vingt ou trente pas de suite, pour vérifier
si le guide de la tête ne s'écarte pas de la direction, et si le guide
suivant marche exactement dans la trace du premier.

Toutes les fois qu'on sera rompu en colonne, les chefs de
subdivisions répéteront les commandemens MARCHE et HALTE de
l'instructeur, à l'instant même où ils leur parviendront, et
sans se régler l'un sur l'autre ; ils ne répéteront aucun autre
commandement, mais avertiront seulement leurs soldats, s'ils
ne les avaient pas entendus.

ARTICLE III.

Changer de direction.

La colonne étant en marche, la droite en tête, l'instructeur voulant lui faire changer de direction à gauche, en donne l'ordre au chef de la première section (1), se porte aussitôt de sa personne (ou envoie un jalonneur) au point où le mouvement doit commencer, et s'y place sur la direction des guides de manière à présenter le côté droit à celui de la tête. — Ce guide se dirige sur l'instructeur (ou sur le jalonneur), de manière que son bras gauche rase sa poitrine.

Lorsqu'il est près d'arriver à la hauteur du jalonneur, le guide en étant encore à deux pas, le chef de section commande :

1. Tournez à gauche;

et aussitôt que le guide est parvenu à la hauteur du jalonneur,

2. MARCHE.

A ce deuxième commandement, le guide tourne à

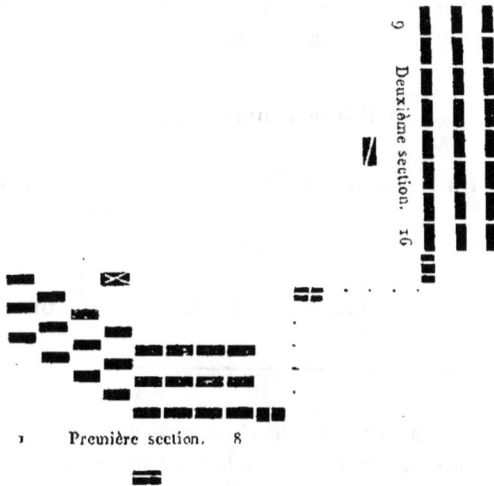

---

(1) Dans un bataillon en colonne, le chef de colonne, pour faire changer de direction, commande : *tête de colonne à gauche* (ou *à droite*); l'adjudant-major établit le jalonneur, d'après l'ordre du chef de bataillon.

gauche, sans ralentir ni raccourcir le pas, et se prolonge dans la nouvelle direction. La section se conforme à son mouvement : chaque homme avance l'épaule droite, prend le pas accéléré pour se porter dans la nouvelle direction, tourne la tête et les yeux du côté du guide, joint le coude de son voisin du même côté, et en même temps prend le pas et l'alignement (1).

Après avoir tourné, le guide de la première section prend des points à terre dans la nouvelle direction, afin de mieux assurer sa marche.

La deuxième section continue à marcher droit devant elle, le guide et le chef de cette section se conforment à tout ce qui vient d'être dit pour celui de la première.

Pour faire changer de direction sur le côté opposé au guide, l'instructeur prend les mêmes dispositions que dessus ; le guide de la première section se dirige de la même manière sur le jalonneur, et le chef de cette section, lorsqu'il est à deux pas du point de conversion, commande :

1. A droite conversion ;

et au moment où le guide arrive au point de conversion,

2. Marche.

A ce deuxième commandement, la section converse à

---

(1) Si l'on compare ce qui se fait dans les changemens de direction sur le côté du guide, avec la formation par peloton en ligne, l'on reconnaîtra aussitôt que ces deux mouvemens sont identiques. — Dans celui qui nous occupe ici, il faut cependant avancer l'épaule opposée au guide un peu plus fortement que dans l'autre, afin de ne pas trop s'éloigner de lui : car ce guide, marchant sur une ligne perpendiculaire à la direction primitive de la colonne, tend à s'éloigner du peloton ou de la section, ce qui n'a pas lieu dans l'autre cas, où il ne fait que prolonger sa marche droit devant lui.

droite; le guide de ce côté décrit, en faisant le pas de six pouces, un petit arc de cercle, et gagne ainsi du terrain en avant (1). (Voyez, aux *Notions préliminaires*, art. 13, *des conversions.*)

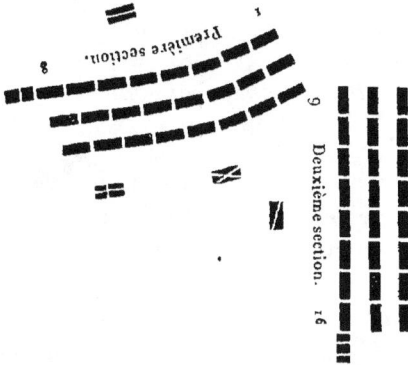

Deux pas avant que la conversion ne soit achevée, le chef de section commande :

1. En avant;

et aussitôt qu'elle l'est,

2. Marche.

Alors le guide prend des points à terre dans la nouvelle direction, etc.

----

(1) Lorsqu'une colonne est à demi-distance, le pivot fait le pas d'un pied : les chefs de subdivisions doivent y veiller, en se conformant du reste à ce qui est dit ci-dessus.

Dans la IIᵉ partie de ce *Cours* nous verrons que ce n'est que sur la subdivision de droite ou de gauche, ou sur une du centre, qu'un bataillon se forme IMMÉDIATEMENT en colonne *à demi-distance*, c'est-à-dire de telle sorte que les subdivisions ne soient éloignées l'une de l'autre que de la moitié de l'étendue de leur front: par peloton, à distance de section; par division, à distance de peloton.

La seconde section se conforme en tout à ce qui a été fait par la première.

Si la colonne avait la gauche en tête, c'est-à-dire si la deuxième section marchait la première, le changement de direction du côté du guide serait à droite. Le commandement serait alors, *tournez à droite*; celui pour le côté opposé au guide, *à gauche conversion*.

Observations relatives aux changemens de direction en colonne.

Il est très-important, pour la conservation de la distance et de la direction, que toutes les subdivisions exécutent leur changement de direction précisément à la même place que la première; c'est pour cette raison que l'instructeur doit se porter (ou placer un jalonneur) un peu d'avance au point de conversion, et qu'il a été prescrit aux guides de se diriger sur lui, et aux chefs de subdivisions de ne faire commencer l'exécution du mouvement qu'à l'instant où leur guide rasera la surface de sa poitrine.

Les chefs de subdivisions doivent veiller à ce que leur subdivision arrive carrément sur le terrain où elle devra changer de direction; à cet effet ils doivent se retourner face à leur subdivision, lorsque celle qui précède commence à converser ou à tourner, afin de veiller à ce que leur subdivision continue à marcher carrément devant elle jusqu'au point de conversion.

Si dans les changemens de direction sur le côté opposé au guide, le pivot de la subdivision qui converse ne dégageait pas le point de conversion, la subdivision suivante serait arrêtée et les distances se perdraient; car le guide qui conduit l'aile marchante, ayant à parcourir environ une fois et demie l'étendue du front de la subdivision, celle qui suit immédiatement serait déjà arrivée au point où elle devra converser, tandis que la subdivision qui converse aurait encore à parcourir la moitié de l'étendue de son front, et serait obligée de marquer le pas jusqu'à ce que la subdivision précédente eût achevé la conversion; cette dernière parcourant ensuite en avant une fois et demie l'étendue de son front, pendant que celle qui la suit exécuterait sa con-

version, il en résulterait, si le pivot était fixe, qu'il y aurait
autant de temps d'arrêt successifs, moins un, que de subdivisions dans la colonne, et que la dernière subdivision se trouve-
rait, au moment où elle aurait achevé sa conversion, trop
éloignée de celle de la tête, de la moitié de l'étendue du front
qu'occuperait la colonne en bataille, moins le front de la première subdivision. C'est pour remédier à ces inconvéniens qu'on
a prescrit que le pivot ferait le pas de six pouces, afin de ne pas
arrêter la subdivision suivante : les chefs de subdivisions devant
veiller, avec le plus grand soin, à l'exécution de ce principe,
ils se retourneront face à leur peloton, et avertiront le pivot
d'allonger ou de raccourcir le pas, selon qu'ils le jugeront nécessaire. Par la nature de ce mouvement, le centre de la subdivision doit cintrer un peu en arrière.

Les guides ne doivent jamais altérer la longueur ni la cadence
du pas, soit que le changement de direction ait lieu sur le côté
du guide ou sur le côté opposé.

L'instructeur placé au point de conversion (ou le jalonneur
qu'il y aura envoyé) présentera toujours le côté droit à la colonne si elle a la droite en tête, le côté gauche si la gauche est
en tête, et se placera sur le prolongement des guides.

―――――

Beaucoup de personnes ne font pas de différence entre les
changemens de direction *sur le côté du guide*, et *sur le côté
opposé au guide*, parce qu'elles ne voient pas de motif pour ne
pas les exécuter tous deux de la même manière.

Si l'on se rappelle que, dans les conversions en marchant,
de même que dans la marche en colonne, *le tact des coudes
est du côté du guide*, et non du côté du pivot, on aura bientôt
trouvé ce motif.

D'ailleurs, les changemens de direction ne se font pas toujours perpendiculairement à la ligne sur laquelle marche le
guide, et lui seul pouvant juger du degré d'inclinaison de ces
deux lignes l'une par rapport à l'autre, lui seul aussi *entraîne*
en quelque sorte le peloton après ou avec lui, soit qu'il tourne
à gauche ou à droite, soit que la subdivision converse de l'un
ou de l'autre de ces deux côtés.

ARTICLE IV.

Arrêter la colonne.

L'instructeur voulant arrêter la colonne en marche, commande :

> 1. Colonne.
> 2. HALTE.

Au commandement HALTE, vivement répété par les chefs de sections, tout le monde s'arrête, et les guides, quand même ils auraient perdu leur distance ou leur direction, ne bougent plus, parce que, s'ils cherchaient à la reprendre, ils rejetteraient leur faute l'un sur l'autre (1).

« Les chefs de subdivisions ne font point de commandement d'alignement, » l'instructeur seul devant le faire, s'il le juge nécessaire, comme nous le verrons dans l'article suivant.

OBSERVATIONS. Si le commandement HALTE n'était pas répété avec la plus grande vivacité et exécuté au même instant, les distances se perdraient.

Si les guides ont bien marché, les distances et la direction seront suffisamment exactes. (Voy. l'article 2 de cette leçon.)

ARTICLE V.

Étant en colonne par section, se former à gauche (ou à droite) en bataille.

L'instructeur ayant arrêté la colonne (la droite en tête) et voulant la former en bataille, se porte à distance de

---

(1) Dans une colonne d'un ou de plusieurs bataillons, ces oscillations des guides produiraient le plus mauvais effet; car, en supposant seulement une colonne de huit pelotons, si le guide du troisième peloton, ayant perdu sa distance, voulait la reprendre, il propagerait sa faute jusqu'à la gauche. C'est au chef de colonne à juger de ce qu'il doit faire pour rétablir les distances; il a pour cela des moyens dont les guides ne peuvent ni ne doivent prévenir l'emploi.

section en avant du guide de la tête, fait face à ce guide,
et rectifie, s'il est besoin, la position du guide suivant (1);
cela exécuté, il commande :

A gauche — ALIGNEMENT.

A ce commandement, qui ne doit pas être répété par
les chefs de sections, chacun d'eux se porte vivement à
environ deux pas en dehors de son guide, et dirige l'alignement de sa section perpendiculairement à la direction
de la colonne. — Après l'avoir alignée, ils commandent
FIXE, et se portent légèrement à deux pas devant le centre.
Ensuite l'instructeur commande :

1. A gauche en bataille.
2. MARCHE.

Au commandement de MARCHE, vivement répété par les
chefs de subdivisions, l'homme de gauche du premier
rang de chaque section fait à-gauche, et appuie légèrement sa poitrine contre le bras droit du guide placé à côté
de lui, lequel guide ne bouge pas : les sections conversent
à gauche par les principes des conversions de pied ferme,
et l'homme qui est à la droite de celui qui a fait à-gauche
(lequel devient le pivot de la conversion) gagne un peu
de terrain en avant en conversant, de manière à démasquer le pivot. — Chaque chef de section se retourne face
à sa section pour veiller à l'exécution de ces principes, et
lorsque la droite de sa section est arrivée à deux pas de la
ligne de bataille, il commande :

1. Section.
2. HALTE.

(1) Il pourrait, s'il le jugeait convenable, mettre un jalonneur à sa place.
Dans une colonne de bataillon, le chef de bataillon, après avoir fait
assurer la direction des deux premiers guides, commande : *Guides à vos dis-
ances et à vos chefs de file* ; ensuite, lorsque les guides sont placés convena-
blement : *à gauche* (ou *à droite*) — ALIGNEMENT.

Le chef de la deuxième section, sitôt qu'il a arrêté sa section, se porte en serre-file, en passant par la gauche.

Après avoir arrêté la première section, le chef de peloton se porte légèrement sur la ligne de bataille, au point où doit appuyer la droite du peloton, et commande aussitôt :

A droite — ALIGNEMENT.

A ce commandement, les deux sections se placent sur l'alignement; l'homme de la première qui correspond au jalonneur (ou à l'instructeur) établi sur la direction des guides appuie légèrement sa poitrine contre le bras gauche de ce jalonneur, et le chef de peloton dirige l'alignement sur l'homme de gauche du peloton.

Le peloton étant aligné, le chef de peloton commande FIXE. — L'instructeur commande alors :

Guides — A VOS PLACES.

A ce commandement, le sous-officier de remplacement se porte derrière le chef de peloton, au troisième rang , et le guide de gauche en serre-file; ce dernier en passant par la gauche.

L'instructeur doit vérifier l'alignement, et le faire rectifier par le chef de peloton s'il y a lieu.

Pour former la colonne ayant la gauche en tête, *à droite en bataille*, l'instructeur se place à distance de section en avant et face au guide de la tête, et rectifie, s'il le juge nécessaire, la position du guide suivant; ce qui étant exécuté, il commande :

     1. A droite en bataille.
     2. MARCHE.

Au commandement de MARCHE, l'homme de droite de chaque section fait à-droite, et appuie sa poitrine contre le bras gauche du guide placé à côté de lui, lequel guide ne bouge pas; chaque section converse à droite, et est arrêtée par son chef lorsque l'aile marchante est arrivée

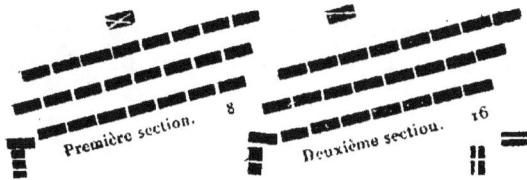

Première section.   8   Deuxième section.   16

à deux pas de la ligne de bataille; pour cet effet les chefs de sections commandent :

     1. Section.
     2. HALTE.

Le chef de la deuxième section se porte en serre-file aussitôt qu'il a arrêté sa section (1). — Le chef de peloton, après avoir arrêté la sienne, se porte légèrement à la gauche du peloton, observant de s'y placer sur la ligne de bataille, au point où doit s'appuyer l'homme de gauche, et commande aussitôt :

     A gauche — ALIGNEMENT.

A ce commandement, les deux sections se placent sur

---

(1) Toujours en passant par la gauche.

l'alignement ; l'homme de gauche de la seconde section, qui correspond à l'instructeur (ou au jalonneur qu'il a pu mettre à sa place) appuie légèrement la poitrine contre son bras droit, et le chef de peloton dirige l'alignement sur l'homme de droite du peloton. — Après l'alignement pris, il commande FIXE.

L'instructeur commande ensuite :

Guides — A VOS PLACES.

A ce commandement, le chef de peloton se porte vivement à la droite du peloton ; le sous-officier de remplacement reprend sa place de bataille ; le guide de gauche se reporte en serre-file, en passant par la gauche du peloton.

OBSERVATIONS. Si la rectification des guides n'avait pas forcé les sections à appuyer à droite ou à gauche, l'instructeur pourrait se dispenser de commander *à gauche* (ou *à droite*) — ALIGNEMENT avant de faire le commandement *à gauche* (ou *à droite*) — EN BATAILLE. — Il ne doit faire ce dernier commandement que lorsqu'il s'est assuré que la dernière section a bien sa distance.

L'instructeur doit observer, avant de commander *à gauche* (ou *à droite*) *en bataille*, si la dernière section a exactement sa distance. Cette attention est importante pour habituer les guides à ne jamais se négliger sur ce point essentiel.

D'après la position des guides dans l'une et l'autre de ces formations en bataille, on voit qu'ils font toujours face du côté vers lequel on s'aligne. — Ce principe s'applique à tous les alignemens dont le centre ou une subdivision du centre est la base, comme nous le verrons dans la seconde partie de ce *Cours*.

Pour en citer ici un seul exemple, choisissons le cas où un bataillon prend un alignement général : les guides des pelotons du demi-bataillon de droite font face à gauche, ceux du

demi-bataillon de gauche font face à droite, et les chefs des
pelotons du demi-bataillon de droite sont les seuls qui se portent
à la gauche de leurs pelotons. — Les guides de droite, dans le
demi-bataillon de droite; ceux de gauche, dans le demi-bataillon de gauche, jalonnent : d'où l'on tire ce principe général
que, « dans tous les déploiemens, c'est, dans chaque peloton,
« le guide opposé à celui du côté duquel on s'aligne, qui ja-
« lonne la ligne de bataille. » — Pour revenir à leurs places, les
guides passent par le créneau du chef de peloton le plus voisin
de leur place de bataille, en faisant face à ce chef de peloton.

Il est bon de remarquer : 1° que le jalonneur est placé face
aux guides de direction, parce que c'est le seul moyen qu'il
s'assure bien sur la ligne ; 2° qu'il n'est pas tout-à-fait à distance
de section (ou de peloton, ou de division) du guide de la tête,
afin que l'aile marchante ne dépasse pas la ligne de bataille en
conversant plus que de raison.

CINQUIÈME LEÇON.

ARTICLE PREMIER.

Mettre des files en arrière et les faire rentrer en ligne (1).

Le peloton étant en marche, et supposé faire partie
d'une colonne, la droite ou la gauche en tête, l'instructeur, voulant faire mettre des files en arrière, en donne
l'ordre au chef de peloton; celui-ci se retourne aussitôt
face à son peloton, et commande :

1. Une file de droite en arrière.
2. MARCHE.

Au commandement de MARCHE, la première file de

(1) Afin de rendre plus lucides les figures de cet article, dans les files
qui se mettent en arrière ou rentrent en ligne, le deuxième rang est indiqué
par une entaille faite inférieurement (▄▄), et le troisième par une autre, faite
supérieurement (▄▄).

droite marque le pas, et le reste du peloton continue de marcher en avant; l'homme du troisième rang de cette file, aussitôt que le troisième rang du peloton l'a dépassé, se porte à gauche et se place derrière la quatrième file de ce côté, devenue alors la troisième; l'homme du second rang se porte de même derrière la troisième, devenue la deuxième, et celui du premier rang derrière la deuxième, devenue la première.

Chaque homme se porte à la place qui lui est prescrite, en avançant un peu l'épaule droite, ayant la plus grande attention à ne pas perdre de distance.

Pour mettre une nouvelle file de droite en arrière, le chef de peloton fait les mêmes commandemens que ci-dessus, d'après l'ordre que lui en donne l'instructeur.

Au commandement de MARCHE, la file déjà rompue, avançant un peu l'épaule droite, gagne l'espace d'une file à gauche, en raccourcissant le pas, afin de faire place à la nouvelle file en avant d'elle. — Celle-ci rompt de la même manière qu'a fait la première.

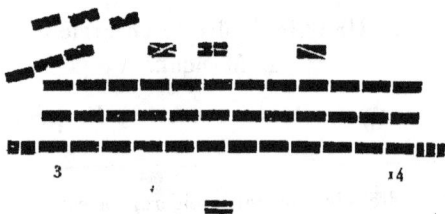

L'instructeur pourra faire diminuer ainsi successivement le front du peloton de tel nombre de files qu'il voudra, en faisant toujours rompre de nouvelles files du même côté, jusqu'à ce qu'il ne reste plus que trois files de front.

Les serre-files se répartissent derrière ce qui reste de la troupe marchant de front (1).

Pour faire rentrer une file en ligne, l'instructeur en donne l'ordre au chef de peloton, qui commande aussitôt·

> 1. Une file de droite en ligne.
> 2. MARCHE.

Au commandement de MARCHE, la première file de celles qui marchent par le flanc rentre vivement en ligne, et les files suivantes gagnent, en avançant l'épaule gauche, l'espace d'une file à droite.

Le chef de peloton, faisant face à son peloton, veille à l'observation des principes.

Après avoir ainsi fait rompre les files l'une après l'autre, puis rentrer en ligne successivement, l'instructeur fera rompre deux ou trois files ensemble : les files désignées marquent le pas ; à mesure que le troisième rang l'a dépassé, chaque rang avance un peu l'épaule droite, se porte à gauche l'espace du même nombre de files que celles qui ont rompu, et se place derrière ces trois files (les plus voisines), comme si le mouvement s'était exé-

---

(1) Lorsque le peloton a été réduit à trois files derrière lesquelles celles qui ont rompu marchent en potence, les serre-files se tiennent sur le flanc, à hauteur de leur place de bataille.

cuté file par file, en observant de ne pas perdre de distance.

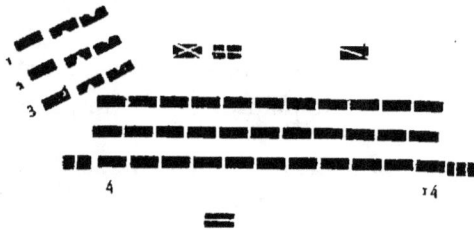

L'instructeur pourra réduire ainsi le peloton, jusqu'à ce qu'il ne reste plus que les trois dernières files de gauche, comme il a été dit précédemment.

L'instructeur ayant donné ordre au chef de peloton de faire rentrer trois files à la fois en ligne, celui-ci commande :

1. Trois premières files en ligne.

2. Marche.

Les files désignées se portent vivement, et par le plus court chemin, en ligne.

« A chaque fois qu'une ou plusieurs files de droite se
» portent en arrière, le guide de ce côté appuie *à gauche*,
» de manière à se trouver toujours à côté du premier
» homme de celles qui marchent de front, et appuie *à
» droite* à mesure qu'une ou plusieurs rentrent en ligne. »

Pour mettre des files de gauche en arrière, le mécanisme est le même.

Le chef de peloton commande :

1. Une (ou trois) files de gauche en arrière.
2. MARCHE.

Au commandement de MARCHE, les files désignées marquent le pas ; aussitôt que le troisième rang du peloton les a dépassées, ces files avancent l'épaule gauche, et se portent à droite en gagnant l'espace nécessaire.

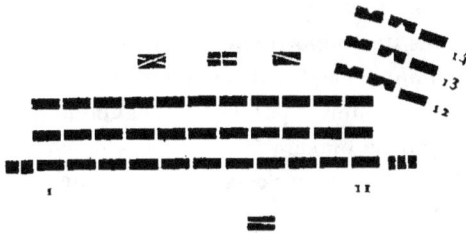

Lorsqu'une ou plusieurs files de gauche doivent rentrer en ligne, le chef de peloton commande :

1. Une (ou trois) files de gauche en ligne.
2. MARCHE.

Au commandement de MARCHE, les files désignées avancent l'épaule droite, et se portent vivement en ligne par le plus court chemin.

« Le guide de gauche, au fur et à mesure que les files » de ce côté rompent, appuie *à droite* ; lorsqu'une ou plu- » sieurs rentrent en ligne, il appuie *à gauche* de manière » à leur laisser l'espace nécessaire sur le front du peloton. »

Observations relatives au mouvement de faire mettre des files
en arrière et de les faire rentrer en ligne.

Il est de la plus grande importance, relativement à la conservation des distances dans les colonnes en route composées de
plusieurs bataillons, d'habituer les soldats, dans les écoles de
détail, à exécuter ces mouvemens avec une grande précision.

Si, lorsqu'on fait rompre de nouvelles files, elles n'allongeaient
pas bien le pas en obliquant ; si, lorsqu'on fait rentrer des files
en ligne, elles ne s'y portaient pas vivement, elles arrêteraient
dans l'un et l'autre cas les files suivantes, ce qui ferait perdre la
distance et occasionerait par-là l'allongement de la colonne.

L'instructeur se placera sur le flanc, du côté où ces mouvemens s'exécutent, pour s'assurer de l'exacte observation des
principes.

L'instructeur observera qu'en faisant mettre successivement
des files en arrière du même côté, on peut réduire le front à
trois files, derrière lesquelles les files rompues pourront marcher
en potence.

Mais si, au lieu de mettre des files en arrière d'un seul côté,
on faisait rompre des files par les deux ailes à la fois, ce qui
doit s'exécuter quelquefois, on ne pourrait plus alors réduire
le front du peloton au-dessous de six files, puisqu'il en fau-
drait trois de chaque côté pour que les files rompues pussent
marcher en potence derrière elles : si, dans cet état de choses,
le défaut d'espace obligeait à diminuer encore le front pour le
réduire à cinq ou à quatre, ce que l'instructeur supposera quelquefois, il ferait rentrer en ligne à la fois toutes les files qui
sont en arrière du côté opposé au guide, et rompre en même
temps, du côté du guide, autant de nouvelles files, plus une
ou deux, selon qu'il voudrait réduire le front à cinq ou à quatre,
qu'il en aura fait rentrer en ligne du côté opposé : ainsi, par
exemple, dans une colonne la droite en tête, le peloton étant
supposé de douze files, dont trois en potence de chaque côté, le
défaut d'espace obligeant à se réduire à cinq de front, l'instructeur fera rentrer en ligne les trois files de droite, et rompre en
même temps quatre nouvelles files à la fois à la gauche, ce qui

réduira le front à cinq. Pour faciliter l'exécution de ce mouvement, il faut que les deux files qui ne doivent pas rompre obliquent fortement à gauche, afin que les trois files de droite, qui sont censées longer le bord du défilé, trouvent de la place pour rentrer en ligne (1).

D'après les détails ci-dessus, on reconnaît aisément que, sur quelque côté que des files se mettent en arrière, l'homme du premier rang est toujours en dehors. — Ainsi, par exemple, lorsque six files de droite et six files de gauche sont ainsi placées, celles-ci représentent un peloton de six files marchant par le flanc droit; celles-là un peloton de six files marchant par le flanc gauche.

Maintenant, si l'on se rappelle les principes par lesquels un peloton entre en ligne, lorsqu'il est soit par le flanc droit, soit par le flanc gauche, on aura trouvé le motif pour lequel les files de droite avancent l'épaule gauche afin de rentrer en ligne, et celles de gauche l'épaule droite.

En résumé, « faire mettre des files de droite en arrière, re-« vient à faire faire à cette partie du peloton par le flanc gauche « et par file à droite, *en appuyant à gauche;* faire mettre des « files de gauche en arrière, à leur faire faire par le flanc droit « et par file à gauche, *en appuyant à droite.* — Lorsqu'elles « reprennent leur place sur le front, c'est le mouvement de « *peloton en ligne* qu'elles exécutent. »

Tous les praticiens sont d'accord sur les vices du mouvement que nous venons d'expliquer : il fatigue les hommes, en dérangeant leur allure, les ennuie, et ordi-

---

(1) Lorsque, ayant fait rompre des files par les deux ailes, on a réduit le peloton à six de front, les serre-files se placent sur l'un ou l'autre flanc, lorsque le défilé le permet, ou tout-à-fait en arrière du peloton.

nairement s'exécute mal. Aussi, dans une colonne en
route, n'en fait-on usage que très-rarement. Lorsque le
défilé, tantôt plus large, tantôt plus étroit, forcerait à
l'employer, on se borne, après avoir fait mettre l'arme
au bras et serrer les files, à prendre le pas cadencé ainsi
que la marche de flanc.

Mais la marche de flanc n'est pas elle-même sans inconvénient, puisque la colonne s'allonge toujours d'autant plus que la nature du terrain est moins favorable :
par exemple, lorsque le sol est gras ou sablonneux.

J'ignore si quelque combinaison nouvelle a jamais été
proposée, et j'ose consigner ici quelques idées qui, si elles
ne sont pas admissibles, en feront peut-être surgir de
meilleures (1).

Partant de cette supposition, qu'une colonne par pelotons rencontre un défilé qui ne donne passage qu'à six
hommes de front (2), je ferais faire à la première section
par le flanc gauche et par file à droite; à la deuxième *par le
flanc droit et par file à gauche*. Le sous-officier de remplacement et le guide de gauche resteraient, celui-ci devant
l'homme de droite de la deuxième section, au premier
rang ; celui-là devant l'homme de gauche de la première,
aussi au premier rang. — Les chefs de peloton et de section se placeraient entre ces deux guides; les serre-files à
la droite et à la gauche de leurs sections respectives.

Les deux sections marcheraient ainsi coude à coude ;
et comme, au pas de route, une troupe par le flanc occupe

---

(1) Il n'est pas rare de voir une théorie éclose au coin du feu s'évaporer
avant même d'être soumise au creuset de l'expérience : mon but n'est donc pas
de faire prévaloir la mienne, mais de provoquer quelque amélioration dans
cette partie de nos manœuvres d'infanterie.

(2) Circonstance semblable à celle qui, dans le *passage d'obstacle*, forcerait les deux ailes d'un peloton ou d'une division à se replier en arrière du
centre.

une étendue de terrain que l'on peut sans trop d'exagé-
ration évaluer à deux fois l'étendue de son front, surtout
dans des chemins difficiles, il s'ensuivrait que les pelotons
serrant les uns sur les autres, la colonne ne s'allongerait
aucunement.

Pour reprendre l'ordre en colonne, les sections rentre-
raient en ligne (chacune par un mouvement inverse), et
il est présumable que les guides auraient leurs distances,
à une légère différence près (1).

Que, par cas fortuit, ma colonne en marche par les
deux flancs doive former promptement le carré, le premier et le huitième pelotons entrent en ligne comme je
viens de dire (2); dans les deuxième, troisième, etc.,
jusqu'au septième inclusivement, les premières sections
appuient à droite, les deuxièmes à gauche, en même
temps que les files serrent les unes sur les autres, et s'arrêtent au fur et à mesure qu'elles ont regagné leurs distances : les premières font face à droite, les deuxièmes
face à gauche; le huitième peloton fait face en arrière (3).

De plus longues explications ne sauraient trouver place
dans ce *Cours*; je m'abstiens même de relever plusieurs
objections que je prévois d'avance, parce que cette con-
troverse n'aurait ici aucune utilité.

Les militaires qui à l'expérience joignent l'amour de
leur métier jugeront-ils ces premières données dignes de
quelque attention?

_____

(1) Lorsque l'on conserve l'ordre en colonne, il est recommandé aux guides
de serrer, dût-il ne plus y avoir entre eux l'étendue du front d'un peloton. Ma
proposition mènerait au même résultat, plus sûrement peut-être.

(2) Le premier s'arrête tout aussitôt qu'il est reformé.

(3) Ce serait un rectangle ou carré long formé sur le premier peloton : il se
romprait par les mêmes moyens que le carré formé sur la première division.

ARTICLE II.

**Marcher en colonne au pas de roule, et exécuter les divers mouvemens
de file prescrits dans l'article précédent.**

Le peloton étant de pied ferme, et supposé faire partie
d'une colonne qui aurait la droite en tête, l'instructeur,
voulant le mettre en marche au pas de route, commandera :

1. Colonne en avant.
2. Guide à gauche.
3. Pas de route.
4. MARCHE.

Au commandement de MARCHE, répété par le chef de
peloton, les trois rangs partent ensemble ; les deux derniers prennent en marchant environ trois pieds de distance du rang qui les précède respectivement ; ce qui
étant exécuté, l'instructeur commande :

5. L'arme — A VOLONTÉ.

A ce commandement, les hommes portent l'arme sur
l'une ou l'autre épaule, d'une ou des deux mains, l'extrémité du canon en l'air, et ne sont plus tenus à marcher
du même pied ni à observer le silence : les files marchent
à l'aise ; mais il faut avoir attention que les rangs ne se
confondent jamais, que les hommes du premier rang ne
dépassent jamais le guide qui est du côté de la direction,
et que les deux rangs conservent toujours environ trois
pieds de distance du rang qui est immédiatement devant
eux.

Si, la colonne étant au pas cadencé, l'instructeur voulait
la faire marcher au pas de route, il commanderait :

1. Pas de route.
2. MARCHE.

Au commandement de MARCHE, le premier rang conti-
nuerait de faire le pas de deux pieds ; les second et troisième prendraient en marchant la distance d'environ trois
pieds, qui doit les séparer respectivement de celui qui les
précède, et l'instructeur commanderait : *l'arme* — A VO-
LONTÉ, ce qui s'exécuterait comme il vient d'être prescrit
ci-dessus.

Étant en marche au pas de route, l'instructeur fera changer
de direction sur le côté du guide et sur le côté opposé, ce qui
s'exécutera sans commandement et à l'avertissement seulement
du chef de peloton ; le second et le troisième rangs *viendront
successivement tourner à la même place que le premier :* chaque rang se conformera, quoique au pas de route, aux principes
qui ont été prescrits pour changer de direction à rangs serrés et
au pas cadencé ; avec cette différence, que « dans les changemens
« de direction sur le côté opposé au guide, *l'homme qui est au*
« *pivot fera le pas d'un pied*, AU LIEU DE LE FAIRE DE SIX POUCES,
« afin de dégager le point de la conversion. »

L'instructeur fera aussi exécuter les divers mouvemens
de file prescrits dans l'article précédent, et de la même
manière qui y est indiquée.

Il fera aussi quelquefois serrer les rangs ; à cet effet il
commandera :

　　　　1. Serrez vos rangs.
　　　　2. MARCHE.

Au commandement de MARCHE, le premier rang prendra
le pas cadencé ; les deux derniers, ainsi que les serre-
files qui sont en arrière, serreront vivement, et prendront
ensuite le pas cadencé ; les trois rangs prendront l'arme
au bras.

OBSERVATIONS. Lorsque le peloton marchant au pas de route
arrête, les deux derniers rangs serrent au commandement de

HALTE, et les hommes portent les armes (1). Ce principe est général, quel que soit le nombre des pelotons.

La vitesse du pas de route, pour un peloton d'école, est de 76 par minute; mais dans un bataillon elle est de 85 à 90 lorsque la nature du pays et des chemins le permet.

———

Afin qu'une troupe marchant au pas de route, dans les rues d'une ville et au son de la caisse, conserve une sorte d'ordre et d'uniformité, il est bon de faire mettre l'arme à volonté d'abord sur l'épaule droite (la platine en-dessus), puis sur l'épaule gauche (la platine en dessous). — Avant de commander *l'arme* — A VOLONTÉ, il faut avoir soin de faire porter les armes, si l'on était l'arme au bras. Cependant ces deux mouvemens peuvent être réunis; c'est-à-dire qu'au commandement *l'arme* — A VOLONTÉ, les hommes descendent la main gauche sous la crosse, et, sans quitter l'arme de la main droite, l'enlèvent aussitôt de la gauche et la placent sur l'épaule droite, comme je viens de le dire.

Les serre-files mettent trois pas de distance entre eux et le troisième rang, mais conservent leurs places respectives.

Lorsque l'on doit rendre les honneurs à un poste ou à une autre troupe avec laquelle on se rencontre, il faut d'abord mettre l'arme au bras, et serrer à distance. Ce mouvement, commencé par le premier peloton, est répété par ceux qui le suivent, au fur et à mesure qu'ils arrivent au même point où il l'a exécuté. Il en est de même pour porter l'arme ou la faire passer d'une épaule sur l'autre.

En général, dans une colonne en route, les commandemens se répètent et s'exécutent en partant de la tête de la colonne; jamais on ne doit faire passer d'ordre ou tout autre mot, de la queue à la tête.

———

(1) Voyez l'Observation de la page 14.

ARTICLE III.

Rompre et former le peloton.

§ Iᵉʳ. *Rompre le peloton.*

Le peloton étant en marche au pas cadencé, et supposé faire partie d'une colonne qui a la droite en tête, l'instructeur, voulant faire rompre le peloton, en donne l'ordre au chef de peloton, lequel commande aussitôt :

    1. Rompez le peloton.

et se porte en même temps devant le centre de la première section.

Se portant avec promptitude devant le centre de la sienne, en passant par la gauche du peloton (1), le chef de la deuxième section commande : *marquez le pas*, tout en y arrivant.

Cela fait, le chef de peloton commande :

    2. MARCHE.

« La première section continue de marcher droit devant « elle, et le sous-officier de remplacement se porte au « flanc gauche de cette section dès qu'elle a déboîté, *pas-* « *sant pour cet effet par devant le premier rang*, »

Au commandement MARCHE du chef de peloton, la seconde section, avertie d'avance par son chef, marque le pas; puis oblique à droite aussitôt que le premier rang de la première l'a dépassée (2).

---

(1) Au risque de me répéter, je dirai que le chef de la deuxième section (ainsi que le guide de gauche), toutes les fois qu'il se porte en avant ou en arrière de sa section, *passe par la gauche*. Cette règle ne souffre pas d'exception.

(2) Le chef de cette section doit se borner à commander : *marquez le pas*, le commandement MARCHE du chef de peloton ne devant pas être

Le chef de la deuxième section, lorsqu'il voit son guide sur le point d'arriver dans la direction de celui de la première, fait le commandement *En avant*, et celui de MARCHE à l'instant où il y arrive, c'est-à-dire « à l'instant où il voit » que ce guide couvre celui de la première. »

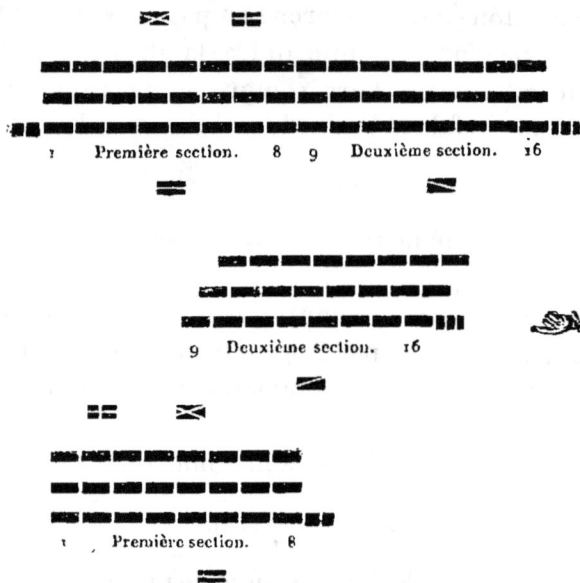

Première section.   8   9   Deuxième section.   16

9   Deuxième section.   16

Première section.   8

Pour rompre le peloton, la colonne ayant la gauche en tête, les dispositions premières sont les mêmes : seulement, la deuxième section continue à marcher droit devant elle, et le chef de peloton, après avoir commandé :

1. Rompez le peloton.

répété par lui, et étant pour la deuxième section le commandement d'exécution. — Aussitôt que le chef de peloton a prononcé MARCHE, le chef de la deuxième section (pendant qu'elle marque le pas), commande : *oblique à droite*, et fait son deuxième commandement (MARCHE) aussitôt que le troisième rang de la première section a dépassé le premier de la sienne. — Tous ces commandemens du chef de la deuxième section doivent être faits sans trop étendre la voix.

ajoute : *marquez le pas*, commandement fait à sa section seulement, ensuite

2. MARCHE.

et *oblique à gauche* — MARCHE, aussitôt qu'elle est démasquée par la deuxième.

Il fait reprendre la marche directe lorsqu'il voit que la droite de sa section est à la hauteur de la droite de la deuxième.

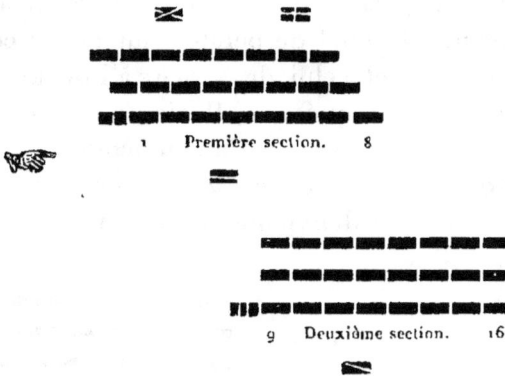

Première section.

Deuxième section.

Le sous-officier de remplacement ne quitte pas sa place à la droite du premier rang ; mais le guide de gauche du peloton, aussitôt le deuxième commandement du chef de peloton, se porte à la droite de la deuxième section.

§ II. *Former le peloton.*

La colonne étant en marche par section, la droite en tête, l'instructeur voulant faire former le peloton, en donne l'ordre au chef de peloton, qui commande :

1. Formez le peloton,

et prévient ensuite la première section qu'elle devra *obliquer à droite.*

Le chef de la deuxième section ayant averti la sienne

6.

de continuer de marcher droit devant elle, le chef de
peloton commande :

2. MARCHE.

A ce commandement, *répété par le chef de la deuxième
section*, la première section oblique à droite, pour démasquer la deuxième, et le sous-officier de remplacement,
placé au flanc gauche de cette section, se porte au flanc
droit, passant pour cet effet par-devant le premier rang.

Lorsque la première section est près de démasquer
la deuxième, le chef de peloton lui fait le commandement : *en avant*, et celui de MARCHE à l'instant où elle l'a
entièrement démasquée. — Il ajoute : *marquez le pas*,
MARCHE (1); et aussitôt que la deuxième section est à la
hauteur de la première, *En avant* — MARCHE.

Le chef de la deuxième section retourne alors en
serre-file.

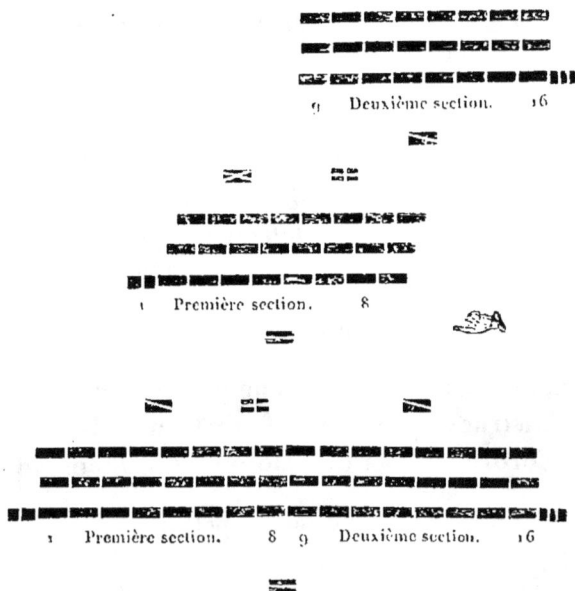

Deuxième section.   16

Première section.   8

1   Première section.   8   9   Deuxième section.   16

_____

(1) Afin de donner à la deuxième section le temps d'arriver.

Si le peloton était censé faire partie d'une colonne qui aurait la gauche en tête, on formerait le peloton par les moyens inverses ; c'est-à-dire que la deuxième section oblique à gauche, marque le pas lorsqu'elle a démasqué la première, et que, lorsque toutes deux sont réunies, le chef de peloton commande *en avant* — MARCHE. Le guide de gauche, qui était à la droite de cette section, se porte au flanc gauche dès qu'elle commence à obliquer ; le sous-officier de remplacement reste à la droite de la première.

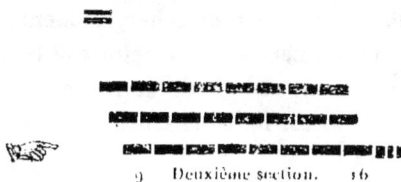

Première section.

Deuxième section.

[L'instructeur exercera ensuite le peloton à se rompre et à se reformer au pas de route, ce qui s'exécutera par les mêmes commandemens et les mêmes moyens qu'au pas cadencé, avec cette seule différence, que dans la section qui devra obliquer, chaque homme fera un *demi-à-droite* ou un *demi-à-gauche*, au lieu de maintenir ses épaules carrément en ligne, comme il a été prescrit de le faire en obliquant au pas cadencé.

L'instructeur fera aussi quelquefois rompre et former le peloton à son commandement : il emploiera à cet effet ceux qui ont été prescrits ci-dessus pour le chef de peloton.]

Observations relatives au mouvement de rompre et former
le péloton.

En rompant et en formant le peloton, il est nécessaire que les
sections allongent bien le pas en obliquant, pour éviter de perdre
du terrain, et pour ne pas arrêter la marche de la subdivision
suivante.

Si, en rompant le peloton, la section qui doit rompre mar-
quait le pas trop long-temps, elle pourrait arrêter la marche du
peloton suivant, ce qui ferait allonger la colonne.

Si, en rompant ou en formant le peloton, les sections obli-
quaient trop long-temps, elles seraient obligées d'obliquer ensuite en sens contraire pour réparer cette faute, et par-là le
peloton suivant pourrait se trouver arrêté dans sa marche.

Lorsque, dans une colonne de plusieurs pelotons, on rompra
les pelotons successivement, il est de la plus grande importance
que chaque peloton continue à marcher le même pas, sans le
raccourcir ni le ralentir, pendant que celui qui le précède rompra, quand même il serait obligé de serrer entièrement sur ce
dernier : cette attention est indispensable pour prévenir l'allongement de la colonne.

Des fautes peu sensibles dans une colonne d'un petit nombre
de pelotons, auraient des inconvéniens graves dans une colonne
de plusieurs bataillons ; ainsi l'instructeur doit veiller avec le
plus grand soin à l'observation des principes prescrits ; et pour
cet effet, il se placera sur le flanc du côté de la direction, d'où il
pourra le mieux apercevoir tous les mouvemens.

———

Si nous résumons les principes posés dans cet article, nous re-
connaîtrons,

1° Que lorsque la colonne a la droite en tête, c'est la
deuxième section qui marque le pas, puis oblique à droite, pour
rompre le peloton ; et, pour le reformer, la première qui, à son
tour, oblique du même côté.

2° Que, au contraire, lorsque la colonne a la gauche en tête,
c'est la première section qui marque le pas, puis oblique à

gauche, pour rompre le peloton ; et la deuxième qui oblique à gauche pour le reformer.

Ainsi, la section qui doit être tête de colonne marche toujours droit devant elle lorsque l'on rompt le peloton, et oblique du côté opposé à la direction quand on le reforme.

Pourquoi cela? Afin que les guides ne perdent pas la direction.

En effet, lorsque la colonne a la droite en tête, par exemple, le guide de gauche oblique, il est vrai, avec la deuxième section, mais le sous-officier de remplacement venant se placer à la gauche de la première tout aussitôt que le peloton est rompu, n'a qu'à prendre des points à terre pour assurer sa direction : dès lors il marche sur une ligne parallèle à la direction primitive, et qui en est distante de l'étendue du front d'une section. Tout au contraire, lorsque l'on reforme le peloton, le guide de la deuxième section va redevenir guide du peloton, et, étant déjà sur la direction, il n'aura qu'à la prolonger.

Même raisonnement pour le guide de droite, dans le cas où la colonne a la gauche en tête.

De plus, lorsque l'on rompt le peloton, si la section qui doit marcher la première obliquait, cette section, dans le cas où elle perdrait du terrain, forcerait la suivante à raccourcir le pas. Au contraire, en supposant que celle qui oblique commette cette faute, elle la répare en allongeant le pas après avoir repris la marche directe (1).

Pour reformer le peloton, pareil inconvénient n'est pas à craindre ; car le guide étant du côté opposé à celui où les deux sections se croiseraient si celle de tête n'avait pas assez obliqué, la marche de ce guide ne serait pas retardée, et le désordre survenu dans un peloton ne se propagerait pas dans toute la colonne.

---

(1) Les chefs de sections doivent veiller scrupuleusement à l'observation des principes. S'ils s'apercevaient que le mouvement oblique ne soit pas assez vif, ils commanderaient *en avant* — MARCHE , sans attendre que leur guide couvre celui de la section qui est devant eux : ce guide, en avançant l'épaule opposée au côté de la direction, se remettrait sur les traces de celui qui le précède, comme nous l'avons vu à l'art. 2 de la IVᵉ leçon.

ARTICLE IV.

Contre-marche.

Le peloton étant de pied ferme, et supposé faire partie d'une colonne qui aurait la droite en tête, l'instructeur, voulant lui faire faire la contre-marche, commande :

1. Contre-marche.
2. Peloton par le flanc droit.
3. A DROITE.

A ce troisième commandement, le peloton fait à-droite ; le chef de peloton se porte à côté du guide de droite, et le guide de gauche fait *demi-tour à droite.*

4. Par file à gauche.
5. MARCHE.

Au commandement de MARCHE, le guide de gauche (qui vient de faire demi-tour à droite) ne bouge pas : le pe-

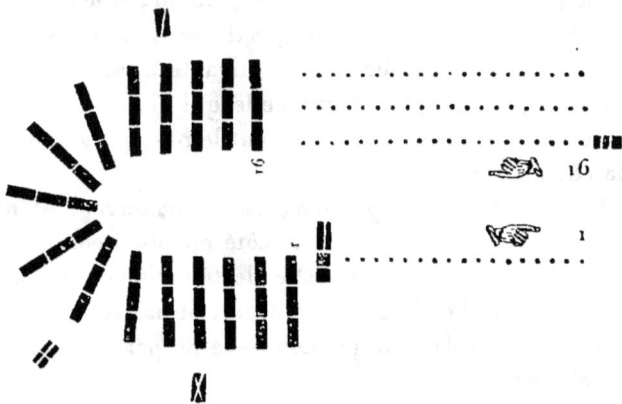

[*N. B.* Les lignes ponctuées 16 . . . . . 16 indiquent le terrain qu'a déjà parcouru la seizième file, celle 1 . . . . 1 le terrain que doit parcourir encore la première file pour arriver à la hauteur du point où s'appuyait la gauche du peloton avant qu'il ne commence la contre-marche. — Le peloton faisait d'abord face au lecteur : il lui tournera le dos lorsque le n° 1 aura pris la place qu'occupait le n° 16.]

loton part vivement ; la première file, conduite par le
chef de peloton, exécute une demi-conversion à gauche
et se dirige ensuite, en passant devant le premier rang,
de manière à arriver à deux pas en arrière du guide de
gauche ; chaque file vient successivement converser à la
même place que la première, et par les mêmes principes.
La première file étant à hauteur du guide de gauche (lequel, je le dis encore, n'a pas bougé), le chef de peloton
commande :

           1. Peloton.
           2. HALTE.
           3. FRONT.
      4. A droite — ALIGNEMENT.

*Le premier commandement se fait à deux pas du point où le
peloton doit arrêter.*

Au deuxième le peloton arrête.

Au troisième, il fait face par le premier rang.

Au quatrième, le peloton se porte sur l'alignement indiqué par la position du guide de gauche (qui reste en
place jusqu'au commandement de FIXE) ; l'homme de
droite du premier rang se place à la gauche et à côté de
ce guide ; le chef de peloton, à environ deux pas de distance, et en dehors, dirige l'alignement ; ce qui étant
achevé il commande FIXE, et se porte devant le centre
de son peloton.

Au commandement FIXE, le guide de gauche se porte
à la gauche du premier rang, *en passant devant le front du
peloton* ; le sous-officier de remplacement, qui jusqu'à ce
moment s'est tenu à la droite du troisième rang, passe au
premier.

Si la colonne était supposée la gauche en tête, l'instructeur commanderait :

         1. Contre-marche.
      2. Peloton par le flanc gauche.
          3. A GAUCHE.

Au troisième commandement, le peloton fait à-gauche, le chef de peloton se porte vivement à la droite du guide de ce côté, et le sous-officier de remplacement fait *demi-tour à droite :* il reste dans cette position jusqu'au commandement FIXE du chef de peloton, comme, dans le cas opposé, a fait le guide de gauche.

4. Par file à droite.

5. MARCHE.

Le peloton, au commandement de MARCHE, converse par file à droite, en se conformant à ce qui a été dit ci-dessus. Le chef de peloton, lorsqu'il est parvenu à la hauteur du sous-officier de remplacement, commande :

1. Peloton.

2. HALTE.

3. FRONT.

4. A gauche — ALIGNEMENT.

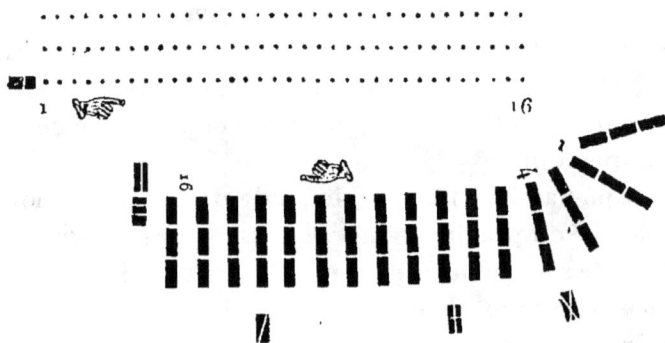

[*N. B.* Les lignes ponctuées 1... 16 indiquent l'emplacement qu'occupait le peloton avant de commencer son mouvement. — Les files 4 et 1 et leurs intermédiaires conversent ; la seizième n'est pas encore à la hauteur du point qu'occupait primitivement la première. Il est évident que lorsqu'elle y sera arrivée, les n°s 1 et 16 de chacune des deux parties de cette figure se correspondront. Le peloton, qui dans sa position primitive faisait face au lecteur, lui aura donc alors tourné le dos.]

Après avoir aligné son peloton, il commande FIXE, et seulement alors le sous-officier de remplacement retourne à la droite du peloton, toujours *en passant devant le front*, et le guide de gauche, qui s'est tenu jusqu'à ce moment à la gauche du troisième rang, passe au premier.

En colonne par section, la droite ou la gauche en tête, les commandemens et l'exécution sont les mêmes : les guides font *demi-tour à droite*; mais, après le commandement FIXE, ils restent à la droite ou à la gauche de leur section respective (1).

OBSERVATIONS. Après la contre-marche, le premier rang seul se trouve sur le terrain qu'il occupait primitivement; les deux autres, ainsi que les serre-files, en sont à une distance respectivement égale à celle qui existe entre eux et le premier rang.

Ainsi, lorsqu'une colonne exécute ce mouvement, elle perd en tête l'épaisseur d'un peloton.

Il faut ne pas oublier que, la droite ou la gauche en tête, c'est toujours du côté du premier rang que les files conversent.

ARTICLE V.

Étant en colonne par section, se former sur la droite ou sur la gauche
en bataille.

La colonne étant en marche par section, *la droite en tête*, l'instructeur voulant la former sur la droite en bataille, commande :

1. Sur la droite en bataille.
2. Guide à droite.

Au second commandement, le guide de chaque section

---

(1) Parce que étant, suivant le besoin, guides de gauche ou guides de droite, sitôt la contre-marche exécutée ils se trouvent tout naturellement du côté de la direction.

se porte légèrement sur le flanc droit de sa section ; les hommes prennent le tact des coudes à droite : la colonne continue à marcher droit devant elle.

Après avoir fait son second commandement, l'instructeur se porte au point où il veut faire appuyer la droite du peloton en bataille, s'y place faisant face au point de direction de gauche, qu'il choisit, et de manière que la ligne de bataille soit à six ou huit pas sur la droite du peloton ; c'est-à-dire de manière que chaque section, après avoir tourné à droite, ait au moins six pas à faire pour arriver sur cette ligne.

La tête de la colonne étant près d'arriver à la hauteur de l'instructeur (ou du jalonneur qu'il a pu établir à sa

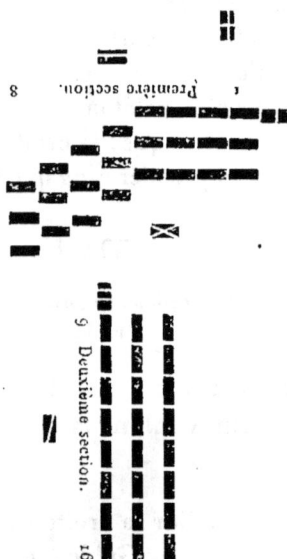

place au point d'appui), le chef de la première section (chef de peloton) commande :

1. Tournez à droite ;

et, lorsqu'elle est arrivée à cette hauteur,

2. MARCHE.

A ce commandement, le guide tourne à droite, et se dirige perpendiculairement à la ligne de bataille, sans ralentir ni accélérer le pas; les hommes se conforment à la nouvelle direction, comme nous l'avons vu dans les changemens de direction sur le côté du guide.

Ce guide se dirige de manière que l'homme du premier rang placé à son côté arrive vis-à-vis l'instructeur ou le jalonneur. — Le chef de peloton marche à deux pas en avant du centre de la première section; et lorsqu'elle est à deux pas de la ligne de bataille, il commande :

1. Section.
2. Halte.

Au second commandement, la section arrête; le guide se porte sur la ligne de bataille de manière à correspondre à l'une des trois files de gauche, et fait face à l'instructeur (ou au jalonneur), qui l'aligne sur le point de direction de gauche. — Le chef de peloton se porte en même temps au point où doit s'appuyer la droite du peloton, et commande :

3. A droite — alignement.

A ce commandement la section s'aligne.

Pendant ce temps, la deuxième section continue à marcher droit devant elle jusqu'à ce qu'elle arrive à la hauteur du flanc gauche de la première; lorsqu'elle est à deux pas de ce point, le chef de cette section commande :

1. Tournez à droite;

et aussitôt qu'elle y est parvenue :

2. Marche.

Le guide ainsi que la section tournent à droite, en se conformant à ce qui a été exécuté par la première. Le guide se dirige sur la file de gauche de celle-ci.

ÉCOLE DE PELOTON.

Son chef marche à deux pas devant elle ; et lorsqu'elle est à deux pas de la ligne de bataille il commande :

1. Section.
2. HALTE.

Au deuxième commandement, le guide de cette section se porte, comme l'a fait celui de la première, sur la ligne de bataille, et s'y place face à l'instructeur (ou au jalonneur) : il est établi sur la direction par les mêmes moyens que le précédent.

Le chef de la deuxième section, voyant son guide établi, commande :

3. A droite — ALIGNEMENT,

et se porte aussitôt en serre-file en passant par la gauche du peloton.

La section se porte sur l'alignement de la première.

« L'homme de chaque section qui correspond au guide « appuie sa poitrine contre le bras droit de ce guide, à « l'instant où la section se porte sur l'alignement. »

Le peloton étant formé en bataille, l'instructeur commande :

Guides — A VOS PLACES.

A ce commandement, le sous-officier de remplacement se porte derrière le chef de peloton ; le guide de gauche à sa place de bataille.

La colonne ayant la gauche en tête, se forme *sur la gauche en bataille* d'après les mêmes principes.

L'instructeur commande :

1. Sur la gauche en bataille.
2. Guide à gauche.

Au second commandement, le guide de chaque section

se porte légèrement sur le flanc gauche de sa section, et
les hommes prennent le tact des coudes à gauche ; la colonne continue à marcher droit devant elle.

Après son second commandement, l'instructeur se
porte légèrement au point où doit appuyer le flanc gauche
du peloton en bataille, et s'y place face au point de direction de droite, qu'il choisit. (Il peut ensuite mettre un
jalonneur à sa place.) — La distance entre la ligne de
bataille et la colonne en marche doit être d'au moins
six pas.

La tête de la colonne étant près d'arriver vis-à-vis l'instructeur (ou le jalonneur) placé comme il vient d'être
dit, le chef de la deuxième section commande :

1. Tournez à gauche ;

et lorsqu'elle est à la hauteur de ce point,

2. MARCHE.

Au commandement de MARCHE, le guide tourne à gauche, et se conforme, ainsi que la section, à ce qui a été dit
pour la première dans la formation *sur la droite*. — Le
chef de cette deuxième section marche devant le centre
de sa section, et lorsqu'elle est à deux pas de la ligne de
bataille, il commande :

1. Section.
2. HALTE.

A ce commandement elle arrête. — Le guide se porte
aussitôt sur la ligne de bataille, vis-à-vis l'une des trois
files de droite de sa section, et fait face à l'instructeur,
qui l'aligne sur le point de direction de droite. — Le chef
de section se porte en même temps au point où doit
s'appuyer la gauche du peloton, et commande :

3. A gauche — ALIGNEMENT.

A ce commandement, la section s'aligne ; l'homme du premier rang qui correspond au guide appuie légèrement sa poitrine contre le bras gauche de ce guide, et le chef de section dirige l'alignement sur cet homme.

La première section ayant continué à marcher droit devant elle, le chef de peloton commande

1. Tournez à gauche,

lorsqu'elle est arrivée à deux pas du flanc droit de la deuxième ; et aussitôt qu'elle y est parvenue :

2. MARCHE.

Au commandement de MARCHE, la première section exécute ce qui vient d'être dit pour la deuxième ; son guide se dirige sur la première file de droite de cette même deuxième section.

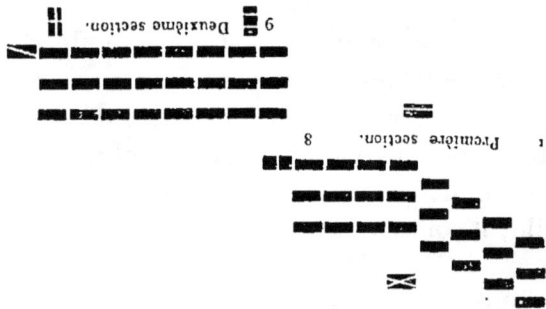

Lorsque la première section est arrivée à deux pas de la ligne de bataille, le chef de peloton commande :

1. Section.
2. HALTE.

Au même moment le guide se porte légèrement sur la direction, face à celui de la deuxième, et y est assuré par l'instructeur : il doit se placer vis-à-vis l'une des trois files de droite de la section. — Le chef de peloton se porte en même temps à la gauche du peloton, à la place du chef de la deuxième section, qui retourne en serre-file.

Ainsi placé, le chef de peloton commande :

3. A gauche — ALIGNEMENT.

Alors la première section se porte sur la ligne, et le chef de peloton en dirige l'alignement sur l'homme de droite qui correspond au guide de cette section.

L'instructeur, voyant le peloton en bataille, commande :

Guides — A VOS PLACES.

A ce commandement, le chef de peloton se porte à la droite du premier rang; le sous-officier de remplacement derrière lui, au troisième; et le guide de gauche à sa place de bataille, en serre-file.

———

Remarquons, 1° que dans cette formation, comme dans celle *à gauche* (ou *à droite*) *en bataille*, les guides font face au côté vers lequel se prend l'alignement. (Voyez les observations à la suite de l'article 5 de la IVᵉ leçon.)

2° Que le chef de la deuxième section, dans la formation *sur la gauche en bataille*, aligne sa section (1), tandis que dans celle *sur la droite* il ne fait que le commandement *à droite —* ALIGNEMENT, et se porte aussitôt en serre-file.

3° Que chaque subdivision exécute réellement un changement de direction sur le côté du guide.

Mais pourquoi fait-on ainsi changer la direction? Afin que les subdivisions arrivent sur la ligne plus promptement que par une conversion, et afin aussi qu'il n'y ait pas de temps d'arrêt dans

———

(1) Parce que cette section, arrivant la première sur la ligne, devient la base de l'alignement du peloton. Aussi son chef retourne-t-il en serre-file et fait-il place au chef de peloton aussitôt que celui-ci a arrêté la première section.

la marche de la colonne. Outre que, par une conversion, le mouvement serait plus long, il serait aussi moins exact, le pivot ne pouvant pas arriver à un point déterminé, avec autant d'exactitude qu'un guide qui tourne sur lui-même et marche ensuite droit devant lui (1). Une colonne peut donc se former sur la droite ou sur la gauche en bataille, même lorsqu'elle est à demi-distance.

Dans une colonne par peloton ou par division, le chef de bataillon commande : *guides à droite* (ou *à gauche*) lorsque l'on doit se former *sur la droite* ou *sur la gauche en bataille;* toutefois ces subdivisions étant encadrées, les guides ne changent pas de place; c'est celui du côté indiqué par le commandement, qui est chargé momentanément de la direction, et celui du côté opposé qui jalonne la ligne de bataille (2).

J'ai dit (page 45) dans mes observations sur l'article 4 de la IIIe leçon, que la formation d'un ou de plusieurs pelotons *sur la droite* (ou *sur la gauche*) PAR FILE EN BATAILLE et celle d'une colonne *sur la droite* (ou *sur la gauche*) EN BATAILLE, ont une étroite analogie, et j'ai promis de le démontrer.

Dans la première, chaque homme fait à-droite (ou à-gauche) après avoir dépassé celui qui le précède, et se dirige ensuite perpendiculairement à la ligne de bataille, de manière à se placer à la droite (ou à la gauche) de ce même homme; dans la deuxième, le guide de la section qui est tête de colonne tourne à droite (ou à gauche), la section qu'il dirige se conforme

---

(1) D'ailleurs, la ligne de bataille est tracée à une trop faible distance du flanc de la colonne pour que de fortes subdivisions, après avoir conversé, puissent s'arrêter à deux pas en arrière.

(2) Il n'y a jamais qu'un jalonneur par subdivision : lorsqu'une colonne par division se forme en bataille, c'est le guide du flanc opposé à celui vers lequel se prend l'alignement, qui jalonne; ainsi, s'il y a quatre divisions, la ligne n'est tracée que par quatre guides; lorsque la colonne est par pelotons, elle l'est par huit; par seize, c'est-à-dire par les deux guides de chaque peloton, lorsqu'elle était formée par section.

à son mouvement, et celle qui suit immédiatement opère de même lorsqu'elle est parvenue à hauteur de la gauche (ou de la droite) de cette section. Il n'y a donc entre ces deux manières de se former en bataille d'autre différence que l'étendue de terrain que doit parcourir une section pour être démasquée par celle qui la précède et venir se placer à sa gauche ou à sa droite, ou par un homme pour parvenir au même résultat : cette diffé-rence est celle qui existe entre dix-huit pouces (espace occupé par un homme de front) et autant de fois dix-huit pouces qu'il y a de files dans une subdivision. Par exemple, si une section a dix files, l'étendue de son front étant de 180 pouces, le rapport est de 18 pouces (ou un pied et demi) à 180 pouces (ou quinze pieds) ; autrement dit, de 1 à 10.

Chaque section fait donc collectivement, en se formant *sur la droite* (ou *sur la gauche*) EN BATAILLE, ce que chaque homme ferait individuellement si cette même section se formait *sur la droite* (ou *sur la gauche*) PAR FILE EN BATAILLE.

N'est-il pas superflu d'ajouter que la première de ces forma-tions, aussi-bien que la seconde, dispense une troupe de par-courir deux fois l'étendue de son front ? Toutes deux s'emploient lorsque l'on arrive par la droite de la ligne de bataille, la colonne ayant la droite en tête ou la troupe marchant par le flanc droit ; et lorsque l'on arrive par la gauche de cette ligne, la colonne ayant la gauche en tête ou la troupe marchant par le flanc gauche.

Enfin, pour achever la comparaison, je fais observer que dans les formations sur la droite (par file ou par peloton), c'est le guide de gauche qui jalonne ; dans celles sur la gauche, c'est celui de droite (1).

OBSERVATIONS GÉNÉRALES RELATIVES A L'ÉCOLE DE PELOTON.

L'instructeur fera souvent prendre l'arme au bras dans l'exé-cution des quatre dernières leçons, et habituera les soldats à

----

(1) Toujours en conséquence de ce principe, que la ligne est jalonnée par le guide du côté opposé à celui vers lequel se prend l'alignement.

marcher ainsi avec la même régularité et précision que s'ils portaient l'arme ; ce qui est un grand moyen de leur épargner de la fatigue, et d'empêcher qu'ils ne se négligent sur le port d'armes, qui doit être toujours régulier. Lorsque le soldat portera l'arme au bras en marchant, il lui sera permis de laisser la main droite à la poignée du fusil, ou de la laisser tomber sur le côté, selon qu'il y trouvera plus d'aisance (1).

Le soldat pourra de même, au pas de route, porter son arme de la manière qu'il trouvera la plus commode, ayant seulement attention que le bout du fusil soit assez élevé pour prévenir les accidens.

Lorsque les compagnies devront être exercées en détail à l'École de peloton, le commandant du corps, ou celui du bataillon si c'est un seul bataillon, indiquera la leçon ou les leçons qu'elles devront exécuter, et donnera toujours par un roulement le signal pour commencer toutes ensemble. A mesure que les compagnies achèveront chaque leçon, elles reposeront sur les armes ; et lorsque le commandant du corps ou du bataillon voudra faire recommencer, il fera battre de nouveau un roulement.

DU DRAPEAU.

Honneurs rendus au drapeau.

Lorsqu'un bataillon doit marcher avec son drapeau, un détachement, composé d'au moins cinquante hommes (ou mieux d'une compagnie entière) va le prendre dans l'ordre suivant.

Ce détachement est partagé en deux sections (entre lesquelles se place le porte-drapeau) et marche l'arme au

---

(1) L'usage de porter la main droite à la poignée de l'arme a prévalu.

bras, ayant les sapeurs, les tambours et la musique en tête (1).

Arrivé devant le lieu où est déposé le drapeau, le commandant du détachement le fait former en bataille (2) face à la porte, les sapeurs, les tambours et la musique à la droite.

Le porte-drapeau va prendre le drapeau, accompagné du lieutenant et d'un sergent.

Lorsqu'il sort avec le drapeau (suivi du lieutenant et de ce sergent), il s'arrête devant la porte et fait le salut du drapeau. — Le capitaine fait présenter les armes, et salue du sabre. — Les tambours exécutent quelques reprises de la batterie *aux drapeaux*.

Après avoir fait porter les armes, le commandant du détachement fait rompre par section à droite : le porte-drapeau se porte entre deux ; le lieutenant et le sergent retournent à leurs places.

Cela fait, le capitaine commande : *Colonne en avant, guide à gauche; pas accéléré* — MARCHE. Le détachement se remet en marche, et les tambours battent.

Lorsque le drapeau arrive, le chef de bataillon fait porter les armes, et se porte à six pas en avant du centre. Les tambours et la musique cessent de battre ou de jouer, et vont reprendre leurs places de bataille (ainsi que les sapeurs) en passant derrière les serre-files.

---

(1) Les tambours non plus que la musique ne battent ni ne jouent.

(2) Si, d'après le côté par lequel arrive le détachement, la porte se trouve à sa gauche, il se forme simplement *à gauche en bataille ;* si elle est à droite, il faut qu'il se forme *sur la droite en bataille*, ayant soin de se réserver assez de place devant le front pour pouvoir rompre facilement *par section à droite.* Quelques pas en arrière la donneraient si on ne l'avait pas tout d'abord.

Dans le cas où la porte se trouve à gauche, il faut, pour s'en retourner, après avoir rompu *à droite*, que la colonne fasse un double changement de direction sur le côté opposé au guide.

Le porte-drapeau, marchant au pas accéléré, parallèlement et à dix pas du front du bataillon, s'arrête vis-à-vis son créneau et fait face à la troupe.

Le chef de bataillon fait présenter les armes et salue de l'épée : les tambours battent *aux drapeaux*.

Le porte-drapeau fait le salut, puis va prendre sa place de bataille en marchant au pas accéléré.

Le chef de bataillon fait cesser de battre, et porter les armes.

Pour reconduire le drapeau, on suit l'ordre inverse de celui qui vient d'être prescrit pour l'aller chercher.

Salut du drapeau.

Dans le rang, les porte-drapeaux porteront le drapeau le talon à la hanche droite, soit de pied ferme, soit en marchant ; et lorsque les drapeaux devront rendre des honneurs, les porte-drapeaux salueront de la manière suivante :

La personne qu'on devra saluer étant éloignée de six pas, baisser doucement la lance jusqu'à six pouces de terre en restant face en tête, sans que le talon du drapeau quitte la hanche ; relever doucement la lance lorsque la personne qu'on aura saluée sera dépassée de deux pas.

MAÑIEMENT DE L'ÉPÉE DES OFFICIERS (1).

Port de l'épée dans le rang.

La poignée dans la main droite, qui sera placée à hauteur et contre la hanche droite, la lame appuyée à l'épaule.

Port de l'épée hors du rang.

La poignée dans la main droite, qui sera placée en avant de la hanché droite, la lame dans la main gauche, la pointe dépassant de quatre doigts le pouce de la main gauche qui sera allongé sur la lame, le coude gauche plié, l'avant-bras un peu en avant, la main gauche vis-à-vis et à quatre pouces plus bas que l'épaule gauche.

Reposez-vous — SUR VOS ARMES.

Renverser la main et la poignée, les ongles en dessus, le bras droit tendu, la pointe de la lame un peu en avant, et à deux pouces de terre.

Salut de l'épée, soit dans le rang, soit en marchant.

Quatre temps.

Un. . . . Elever l'épée perpendiculairement la pointe en haut, la lame plate vis-à-vis l'œil droit, la garde à hauteur du téton droit, le coude appuyé au corps.

Deux. . Baisser brusquement la lame en étendant le bras, de manière que la main droite soit placée à côté de la cuisse droite, et rester dans cette position

---

(1) Les officiers des troupes à pied ont quitté l'épée pour le demi-sabre; mais je ne vois aucune différence dans la manière de faire le salut.

jusqu'à ce que la personne qu'on aura saluée soit dépassée de deux pas.

Trois. . Relever l'épée brusquement, la tenant comme au premier temps ci-dessus.

Quatre. Porter l'épée à l'épaule droite, ou bien abaisser la lame dans la main gauche.

———

En défilant, les chefs de divisions marchent à trois ou quatre pas devant le front, et vis-à-vis le centre, en tournant légèrement la tête à droite, et tiennent leur sabre de la manière indiquée ci-dessus. (*Port de l'épée hors du rang.*)

Il en est de même, de pied ferme, pour les officiers qui commandent un poste, lorsque leur garde rend les honneurs au roi, à une troupe, etc., etc.

INSTRUCTION
SUR LE SERVICE
DANS LES POSTES.

Le service dans les postes se divise en deux parties :
1º Service ordinaire ou d'arrondissement ;
2º Service extraordinaire, ou service des postes d'honneur.

Nous allons nous occuper du premier : le second n'en diffère qu'en quelques points relatifs à MM. les officiers supérieurs de légion et aux commandans des postes.

PREMIÈRE SECTION.

SERVICE ORDINAIRE OU D'ARRONDISSEMENT.

§ Ier. *Dispositions générales.*

MM. les Gardes Nationaux commandés pour le service des postes d'arrondissement, se réunissent, dans la tenue et à l'heure indiquées, à la mairie de leur arrondissement (1).

Les postes sont formés par l'adjudant, et inspectés par l'adjudant-major, qui fait ensuite défiler la garde.

Les chefs de poste reçoivent, des sergens-majors des compagnies qui fournissent les hommes, la liste de ceux qui doivent monter la garde. — L'adjudant-major leur remet trois feuilles de rapport. — Ces feuilles sont envoyées le lendemain matin en double expédition, aux

------

(1) En se rendant au lieu de rassemblement, il faut avoir la baïonnette au fourreau et non au bout du fusil.

heures indiquées par l'ordre du service, à l'état-major de la légion.

Le mot d'ordre est donné à chaque chef de poste, *à poste fixe*, ou il l'envoie chercher à la mairie, à l'heure désignée (1).

L'adjudant-major de service fait une visite de poste dans le courant des vingt-quatre heures. — Un capitaine de ronde, par bataillon, fait une ronde de nuit.

§ II. *Manière de relever les gardes.*

Lorsque la nouvelle garde est à quinze ou vingt pas du poste qu'elle doit relever, l'officier ou sous-officier qui la commande lui fait porter les armes. — Le tambour bat la marche.

La garde qui va être relevée prend les armes, et s'établit de manière à laisser sur sa gauche le terrain nécessaire pour que la nouvelle garde puisse s'y établir. — Le commandant du poste lui fait porter les armes lorsque la nouvelle le fait elle-même. — Le tambour bat la marche.

Si le terrain ne permettait pas à la nouvelle garde de se placer à la gauche de l'ancienne, celle-ci se rangerait en bataille, face au corps-de-garde, et à quelque distance, afin de laisser celle-là se placer entre elle et ledit corps-de-garde.

Pour être relevées, comme chaque fois qu'elles sortent, avec ou sans armes, les gardes composées de six hommes se mettent en haie; celles qui sont de douze, sur deux rangs; celles de dix-huit et au-dessus, sur trois rangs.

Tout officier commandant un poste se place devant le centre de sa garde, à deux pas en avant du premier rang (2); tout sous-

---

(1) Pour les postes d'officier ou de sergent, c'est le caporal de consigne qui va chercher l'ordre; si le poste est commandé par un caporal, c'est le plus âgé d'entre les Gardes Nationaux.

(2) Lorsqu'une garde est commandée par deux officiers, le plus élevé en grade, ou, à grade égal, le plus âgé, prend le commandement supérieur: ce-

officier se place sur le flanc droit. — S'il y a un tambour, il se place à la droite.

Les caporaux sont à la gauche ou en serre-files.

Lorsque la nouvelle garde est arrivée sur le terrain qu'elle doit occuper, à la gauche ou en face de l'ancienne, son chef commande :

> Peloton — HALTE.
> FRONT.
> A droite — ALIGNEMENT.
> L'arme — AU BRAS.
> En place — REPOS.

Celui qui commande l'ancienne garde fait aussi mettre *l'arme au bras*.

Les deux chefs de poste s'avancent alors l'un vers l'autre; celui de la garde descendante donne la consigne à celui de la garde montante.

Le commandant de la nouvelle garde envoie le caporal de consigne prendre possession du corps-de-garde. — Ce caporal reçoit du caporal de consigne de l'ancienne garde les effets de corps-de-garde, tels que bancs, tables, vitres, falots, guérites, etc., etc., et généralement tous les objets consignés, dont la liste est affichée dans la chambre du chef du poste. — Dans le cas où quelques-uns de ces effets seraient détériorés, ou manqueraient, le caporal de la garde montante fait incontinent son rapport au commandant de poste. Procès-verbal des dégradations

---

lui-ci se place à deux pas en avant du premier rang, et au centre ; celui-là à la droite du premier rang, un sergent derrière lui au troisième.

Pour aller prendre possession du poste, comme à la garde descendante, si la troupe marche par le flanc, la place du commandant supérieur est à la gauche de l'autre officier, qui lui-même déboîte : le sous-officier de remplacement passe au premier rang. — S'il y avait trois officiers, le moins élevé en grade se placerait en serre-file, derrière le centre de la deuxième section.

dressé, et envoyé à l'état-major de la place pour qu'elles soient réparées aux dépens de qui de droit.

Pendant ce temps, l'on fait numéroter les hommes (1), et le caporal de pose va relever les sentinelles, conjointement avec celui de l'ancienne.

Les sentinelles étant relevées, le chef de la garde descendante fait porter les armes à sa troupe (celui de la garde montante également) et la fait porter à quelques pas en avant, au pas ordinaire; puis il lui fait faire par le flanc droit, et marcher environ vingt pas, toujours au port d'armes (2); après quoi il commande :

Peloton — HALTE.

Remettez — LA BAÏONNETTE.

Peloton en avant — MARCHE.

L'arme — A VOLONTÉ.

Il conduit ses hommes en bon ordre, jusqu'au lieu où ils doivent se séparer (3).

Lorsque la garde descendante s'est éloignée de vingt pas, le chef de la nouvelle lui commande :

Garde à vous — PELOTON.

Demi-tour — A DROITE.

Présentez — VOS ARMES.

Haut — LES ARMES.

Rompez vos rangs. — MARCHE.

---

(1) Les numéros se prennent par la droite, en passant du premier au second rang, puis de celui-ci au troisième; on revient ensuite au second homme de droite du premier rang, etc., etc.

(2) S'il devait s'en aller à gauche, et que le terrain ne lui permit pas de se porter en avant, il ferait faire par le flanc droit et par file à gauche, marcher quatre ou cinq pas, puis faire de nouveau par file à gauche.

(3) En descendant de garde ou de toute autre espèce de service, il est bon de nettoyer le fusil, etc. : il faut avoir soin, avant de le mettre en place, de relever le bassinet et abattre le chien. Cette précaution conserve au grand ressort de batterie son élasticité.

Les hommes entrent dans le corps-de-garde, et placent leurs fusils au ratelier, sous le numéro qui indique l'ordre des factions.

La garde rentrée, le chef de poste va visiter ses sentinelles, prend lecture des consignes, tant générales que particulières, et instruit les sergens et caporaux de ce qu'ils ont à faire.

Les officiers de garde ne peuvent quitter ni leur épée ni leur hausse-col; les sergens, caporaux et autres, conservent leur fourniment.

Il est défendu de s'attabler pour boire, manger ou jouer dans les corps-de-garde (1).

Les gardes doivent être toujours divisées en deux ou quatre sections, mises chacune sous les ordres ou d'un sergent ou d'un caporal, ou d'un ancien Garde National, afin d'être prêtes à faire face à tout événement.

En cas d'incendie, le commandant du premier poste où l'on s'en aperçoit envoie un caporal et deux hommes, pour voir si le feu est dangereux. Si le caporal le juge tel, il le fait dire au commandant du poste, qui y envoie un autre caporal et six hommes (davantage si son poste est fort), pour empêcher le désordre et faciliter les premiers secours : ils n'en laissent approcher que ceux qui portent des seaux, des pompes, des échelles, ou tous autres instrumens pour éteindre le feu. — Il envoie chercher les pompiers, et, si l'incendie menace d'être considérable, il fait demander main-forte au poste et au quartier les plus voisins.

§ III. *Devoirs des Sergens de garde.*

1° *Comme chefs de poste.* — Les devoirs d'un sergent

---

(1) Les Gardes Nationaux étant obligés de s'absenter pour prendre leurs repas, les chefs de poste doivent tenir la main à ce qu'il y en ait toujours au moins deux tiers de présens.

qui commande un poste étant les mêmes que ceux de l'officier, je n'ai rien de spécial à dire à ce sujet.

2° *Sous les ordres d'un officier.* — Les sergens, dans un poste commandé par ou plusieurs officiers, sont sous leurs ordres : ils surveillent les caporaux et Gardes, dressent la liste des présens, assignent les heures de faction d'après cette liste, et veillent à ce qu'il n'y ait ni passe-droit ni oubli. En un mot, ils secondent l'officier, et en son absence le remplacent.

S'il survient une alerte, ils peuvent se mettre à la tête d'un petit détachement pour aller rétablir l'ordre.

§ IV. *Devoirs des Caporaux de garde.*

Lorsque dans un poste, soit d'officier, soit de sergent, il se trouve deux caporaux, l'un est *caporal de consigne*, l'autre *caporal de pose.*

1° *Du caporal de consigne.* — Ce caporal est chargé de la surveillance intérieure du poste, quant aux effets de corps-de-garde. C'est lui qui reconnaît les rondes et patrouilles et qui va chercher l'ordre lorsque l'adjudant-major ne l'apporte pas lui-même.

2° *Du caporal de pose.* — C'est lui qui place et relève les sentinelles.

Il réunit les poses, en fait l'appel, et dispose ses hommes par ordre de numéros, de telle sorte que les premiers numéros soient en tête du peloton.

Il commence par relever la sentinelle de devant les armes, laquelle rentre au corps-de-garde. — Il va relever ensuite les autres, en commençant par la plus éloignée.

Les hommes l'accompagnent l'arme au bras et en silence : il porte l'arme comme sergent(1).

(1) Lorsqu'il n'y a qu'une seule sentinelle à poser, elle se place à la droite du caporal; s'il y en a deux, elles marchent de front, le caporal à leur gauche : s'il y en a trois, la troisième se place derrière la plus voisine du caporal.

Arrivé à six pas de la sentinelle à relever, le caporal commande :

Peloton — HALTE.

Il appelle ensuite le numéro qui doit être posé. Celui-ci, se portant en avant, va se placer à la gauche de la sentinelle dont il prendra la place. — Le caporal commande :

A droite et à gauche — DROITE, GAUCHE.

et les deux hommes se font face ;

Présentez — VOS ARMES.

Dans cette position l'ancienne sentinelle donne la consigne à la nouvelle ; le caporal prête l'oreille, rectifie les erreurs, s'il s'en est commis, et s'assure que la consigne a été bien comprise (1).

La consigne étant donnée, le caporal commande :

Portez — VOS ARMES,

et les deux sentinelles exécutent ensemble ce mouvement ;

En avant — MARCHE.

Celle qui vient d'être relevée suit le caporal, et va se placer à la gauche du peloton, qui se remet en marche aussitôt le commandement prononcé (2).

En relevant les sentinelles, le caporal s'assure si la guérite et tous les objets généralement quelconques confiés à leur surveillance n'ont pas subi de dégradation. Dans le cas où un factionnaire se serait rendu coupable de quelque délit, le caporal en rendrait compte au chef du poste, qui en ferait une mention spéciale dans son rapport.

---

(1) Si, pendant que l'on donne la consigne, quelque curieux s'arrête, le caporal lui ordonne de passer outre.

(2) Pendant la nuit, le caporal répond au *qui vive ?* des sentinelles : *caporal de pose.*

§ V. *Devoirs des sentinelles.*

Les sentinelles ne se laissent jamais relever ou donner de nouvelle consigne que par les caporaux de leur poste.

Elles ont toujours la baïonnette au bout du fusil, et portent l'arme au bras ou se reposent dessus. — Pendant les mauvais temps elles entrent dans leur guérite, mais sans quitter leur fusil.

Elles ne doivent ni s'asseoir, ni rire, ni chanter, ni siffler, ni parler à personne sans nécessité, ni, en se promenant, s'écarter de leur poste à plus de trente pas.

Elles ne souffrent pas qu'il se fasse aucune ordure ou dégradation aux environs de leur poste.

Elles s'arrètent, font face en tête, et portent les armes lorsqu'il passe à portée d'elles soit une troupe, soit des officiers ; elles présentent les armes pour le roi, les princes, les grands dignitaires, les officiers généraux, le commandant et le major de place, ainsi que pour les officiers supérieurs de leur légion.

En cas de feu, elles crient *au feu ;* lorsque quelque rixe s'élève non loin d'elles, elles crient *à la garde ;* lorsque la garde doit prendre les armes (1), elles crient *aux armes ;* quand la garde doit sortir sans armes, elles crient *hors la garde.*

De nuit surtout, elles ne se laissent approcher par qui que ce soit ; elles font passer *au large* les allans et venans, et crient *qui vive?* sur tous ceux qui se dirigent du côté de leur poste.

S'il survient quelque accident à une sentinelle, elle crie : *caporal, hors de garde*, et attend que l'on vienne la relever.

---

(1) Pour rendre les honneurs au roi, à un prince du sang, à une troupe, etc. comme pour les rondes majors.

Les sentinelles avancées crient *qui vive?* aux rondes et patrouilles ; après la réponse, *ronde* ou *patrouille*, elles les laissent passer, présentent les armes, et disent : «Rien « de nouveau. »

Celle de devant les armes (1), après avoir crié *qui vive?* sur les rondes ou patrouilles, et, sur leur réponse, les avoir arrêtées, crie :

1° Pour les rondes de commandant ou rondes majors : « Caporal, hors la garde, ronde de commandant (ou « ronde major) ; »

2° Pour les rondes d'officier, de sergent, ou les patrouilles : « Caporal, hors la garde, venez reconnaître « ronde (ou patrouille). »

§ VI. *Des Rondes.*

Pendant le jour la ronde est désignée sous le nom de *visite de poste :* c'est un moyen de surveillance exercé sur les postes et sur les sentinelles.

Les rondes d'officier ou de sergent (2) ont pour but de s'assurer du degré de ponctualité des sentinelles dans l'accomplissement de leurs devoirs.

Les rondes de commandant et les rondes majors sont destinées à reconnaître si les sentinelles sont placées aux lieux indiqués, et si tous les postes ont le *mot d'ordre.*

Contrairement aux rondes d'officier ou de sergent et aux patrouilles, les rondes majors, lorsqu'elles se présentent à un poste, reçoivent le *mot d'ordre* au lieu de le donner.

De quelque espèce qu'elles soient, les rondes sont toujours éclairées. Dans la Garde Nationale, c'est un tambour

---

(1) En criant *qui vive?* cette sentinelle fait *haut les armes*, et reste dans cette position jusqu'à ce que, la ronde ou la patrouille étant reconnue, le caporal commande : *Portez* — VOS ARMES.

(2) La ronde prend le mot au poste par lequel elle commence sa tournée.

8

qui porte le falot pour les rondes d'officier. — **Pour les rondes majors**, le commandant du poste donne une escorte qui est relevée au plus prochain poste où la ronde se fait reconnaître.

Les rondes avertissent le poste le plus prochain, de tout ce qu'elles auraient vu de contraire au bon ordre ou qui pourrait intéresser la sûreté publique.

Lorsqu'une ronde-major se présente devant un poste, la sentinelle crie *qui vive?* Sur sa réponse *ronde-major*, elle ajoute *halte-là; caporal hors la garde : ronde-major.*

Le chef du poste fait prendre les armes à sa garde, et la forme en bataille, soit sur un, soit sur deux, soit sur trois rangs, suivant sa force.

Après avoir fait reconnaître la ronde-major par le caporal de consigne, le commandant du poste s'avance à dix pas, escorté de quatre hommes qui font *haut les armes;* il crie *avance à l'ordre*, et donne le mot de la manière prescrite ci-dessus.

Si, après la ronde-major, le major ou l'aide-major de la place en fait une nouvelle, il n'est reçu que comme ronde d'officier.

Les rondes d'officier ou de sergent sont reconnues de la même manière que les patrouilles.

Lorsque deux rondes se rencontrent, celle qui la première a découvert l'autre crie *qui vive?* celle-ci répond *ronde* (ou d'officier, ou de sergent, ou de commandant, ou major); la première ajoute : *Halte là!* AVANCE A L'ORDRE. S'avançant alors l'un vers l'autre, la main droite sur la garde de leur épée, si ce sont des officiers, ou en présentant les armes, puis croisant la baïonnette, si ce sont des sous-officiers, la ronde du grade le moins élevé donne le *premier mot.* (A égalité de grade, la première qui a crié est celle qui reçoit le mot.)

Celle qui a reçu *le premier mot* rend *le second* (1); ou

_____

(1) La ronde major ou de commandant reçoit toujours le mot, qu'elle soit reconnue par une ronde d'officier ou par une patrouille.

bien encore, celle qui a crié la première donne le mot de *ralliement*, l'autre lui répond par le mot d'*ordre*. — Les deux rondes se rendent compte mutuellement de ce qu'elles ont vu ou entendu qui intéresse le repos et l'ordre public.

Lorsqu'une ronde et une patrouille se rencontrent, elles se reconnaissent de la manière qui sera indiquée dans le § VII ci-dessous.

Dans toutes les occasions, le mot se donne et se reçoit, par les rondes majors et rondes d'officier, « la tête cou-« verte, la main droite sur la garde de l'épée; » par les rondes de sergent, « la baïonnette croisée. »

§ VII. *Des patrouilles.*

Les patrouilles sont ordinairement composées de quatre ou six hommes, et commandées par un caporal; quelquefois, plus nombreuses, elles le sont par un sergent; dans les cas extraordinaires, un officier commande une forte patrouille.

Lorsqu'une patrouille passe devant un poste, la sentinelle de devant les armes l'arrête en criant *qui vive?* le chef de patrouille ayant répondu *patrouille*, la sentinelle crie : *Halte-là! caporal, hors la garde, venez reconnaître patrouille.* — Le caporal de consigne sort escorté de deux ou quatre hommes; et après avoir fait faire *haut les armes* (1), il crie : *qui vive?* Après la réponse *patrouille*, il ajoute : *avance qui a l'ordre*, et le chef de patrouille vient lui donner le mot d'ordre.

Le mot étant reconnu bon, le chef de patrouille entre au corps-de-garde, et signe la feuille destinée à cet usage;

---

(1) En commandant : *Portez* — ARMES. *Apprêtez* — ARMES. — Lorsqu'il a reconnu, il fait porter les armes, fait faire demi-tour à droite; après quoi il commande : *En avant* — MARCHE.

en y relatant avec soin l'heure de son arrivée, le poste
d'où la patrouille est sortie, et le nombre d'hommes dont
elle se compose.

Si le mot donné par le chef de patrouille n'était pas le
véritable, le caporal qui la reconnaît la ferait arrêter, et
appellerait main-forte au besoin.

Si une patrouille aperçoit une ronde la première, le caporal qui la commande crie *qui vive?* Après la réponse
« Ronde major, *ou* ronde de commandant, *ou* ronde d'of-
« ficier, » il ajoute : *Halte-là*, arrête sa patrouille, s'avance
à quatre ou cinq pas, suivi de deux des siens auxquels il
fait faire *haut les armes*, et crie : *Avance à l'ordre*. A cette
sommation, l'officier de ronde s'avance en portant la
main droite à la garde de son épée, et le caporal lui donne
les deux mots d'ordre (1).

Le caporal fait ensuite porter les armes à ses deux
hommes, et, laissant passer la ronde, continue sa route.

Lorsqu'une patrouille en rencontre une autre, elle lui
crie *qui vive?* celle-ci répond : *Patrouille* (*de tel poste*). Le
caporal qui a le premier aperçu l'autre patrouille crie :
Halte-là! avance à l'ordre. Les deux patrouilles s'étant arrêtées, les caporaux s'avancent l'un vers l'autre, accompa-
gnés chacun de deux hommes, qui, sans attendre de
commandement, font *haut les armes*, et le caporal qui a
crié le premier reçoit de l'autre le premier mot d'ordre,
et lui rend le second.

S'il arrivait que l'un des mots donnés ou rendus ne fût
pas le véritable, le chef de patrouille qui a donné le faux
serait arrêté par l'autre, et conduit, ainsi que les hommes
sous ses ordres, au poste le plus voisin.

---

(1) Qu'il ait crié le premier, ou qu'il ait été arrêté d'abord par la ronde, le
chef de patrouille donne les deux mots d'ordre, et rend compte à l'officier de
ronde de ce qu'il a vu, appris ou entendu dans sa tournée.

En cas d'incendie, les patrouilles portent secours et font prévenir au plus prochain poste.

Si quelque rixe ou bruit parvient jusqu'à elles, elles doivent se porter de ce côté, prêter main-forte, et, s'il y a lieu, arrêter les querelleurs et les conduire au corps-de-garde le plus rapproché. Elles arrêtent les gens suspects, ceux qui la nuit transportent des paquets, etc.

Le chef de patrouille fait marcher ses hommes en silence, au pas ordinaire, et l'arme au bras ; il s'arrête de temps à autre pour écouter ; enfin, il doit avoir continuellement l'œil et l'oreille au guet.

Il suit l'itinéraire qui lui est tracé par le commandant du poste d'où est sortie la patrouille, passe par les postes désignés, s'y inscrit, et rend compte de ce qu'il a vu ou entendu ou appris.

En rentrant, le caporal qui a commandé une patrouille rend compte de sa tournée au chef de poste, qui relate dans son rapport ce qui mérite d'y figurer.

§ IX. *Caporal commandant le poste.*

Les devoirs d'un caporal qui commande un poste sont les mêmes que ceux d'un sergent ou d'un officier.

S'il n'a pas d'autre sentinelle que celle de devant les armes, il la pose lui-même. S'il en a plusieurs, il peut se faire aider par un Garde National, qui prend le titre de *caporal postiche*.

Le caporal commandant un poste reconnaît lui-même les rondes et patrouilles, afin de n'être pas dans l'obligation de confier le mot d'ordre à personne.

§ X. *Des honneurs que rendent les gardes.*

Lorsque la sentinelle qui est devant les armes voit venir le roi, ou un prince du sang, ou un maréchal de France, ou le commandant de place, ou une troupe, elle appelle aux armes.

La garde sort vivement et se range en bataille comme il a été dit plus haut.

Le chef de poste fait présenter les armes pour le roi, les princes du sang, les maréchaux de France et les généraux en chef. — Le tambour bat aux champs.

Pour les lieutenans - généraux il fait porter les armes. — Le tambour rappelle.

Pour les maréchaux de camp et les autorités constituées il fait porter les armes. — Le tambour est prêt à battre.

Au commandant d'armes, du grade d'officier général, on rend les honneurs dus à son grade. S'il est d'un grade inférieur à celui de maréchal de camp, la garde se repose sur les armes.

Pour les officiers supérieurs de visite de poste, la garde se repose sur les armes.

Pour une troupe, la garde porte les armes lorsque l'officier qui commande cette troupe est à trois ou quatre pas. — Les tambours battent la marche.

Lorsqu'en cas d'attroupement la garde prend les armes, elle reste l'arme au bras.

DEUXIÈME SECTION.

SERVICE EXTRAORDINAIRE, OU DES POSTES D'HONNEUR.

Ce service comprend, à Paris, les postes du Palais-Royal, des Tuileries, de l'état-major de la Garde Nationale, de l'Hôtel-de-Ville, etc., etc.

Des ordres spéciaux déterminent comment et par quels postes sont fournies les gardes d'honneur qui, pendant les séances, sont détachées à la Chambre des Pairs et à celle des Députés.

Les postes d'honneur sont réunis et formés par le major de la légion, qui en passe l'inspection conjointement avec le chef de bataillon commandé pour faire la ronde de ces différens postes. Ils sont ensuite conduits, sapeurs, tambours et musique en tête, dans la cour des Tuileries, où ils sont inspectés par le colonel d'état-major de service ; après quoi ils défilent la parade, et se rendent à leurs postes respectifs.

De même que ceux des postes d'arrondissemens, les rapports des postes d'honneur sont adressés à l'état-major de leur légion.

Ces postes sont visités par le chef de bataillon de ronde et visite de postes, et par l'adjudant-major de semaine, qui leur porte le mot d'ordre.

L'adjudant-major de semaine assiste à la parade, et se rend ensuite à l'état-major général pour y copier l'ordre et recevoir le mot : il communique l'un et l'autre au chef de légion.

Chaque jour, des officiers d'état-major font des rondes et visites de postes : ils rendent compte au chef ou au sous-chef d'état-major de la manière dont se fait le service ; en un mot, de tout ce qui peut intéresser l'ordre public.

Dans les postes d'honneur, les sentinelles doivent redoubler de vigilance. Elles ont toutes ou presque toutes des consignes spéciales.

Lorsque la sentinelle placée à la porte principale voit une troupe se diriger de son côté, et à laquelle elle suppose l'intention de pénétrer dans l'intérieur, elle crie *aux armes !*

Le caporal de consigne sort avec quatre ou six hommes, et la garde entière se met sous les armes.

Lorque la troupe est à vingt ou trente pas d'elle, la sentinelle se met en défense en faisant *haut les armes*, et crie *qui vive ?* Sur la réponse : *France*, elle ajoute : « Caporal, hors la garde, *venez reconnaître.* » Le caporal se porte en avant avec ses quatre hommes, qui font *haut les armes* à son commandement, et crie *qui vive ?* Sur la réponse *France,* il demande : *quel régiment ?* Le chef de la troupe s'avance alors pour se faire reconnaître, en même temps qu'il désigne l'arme à laquelle elle appartient, ainsi que le numéro du régiment ou de la légion.

Le caporal répond : « Quand il vous plaira », fait porter les armes et faire un demi-tour à droite à son escorte, qu'il place ensuite sur un seul rang, en dehors de la porte. La sentinelle se met au port d'armes.

La troupe entre alors en portant les armes, et les tambours battent aux champs.

La garde lui rend les honneurs, qu'elle doive être ou non relevée par elle.

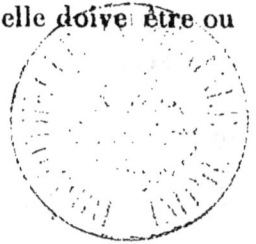

FIN DE LA PREMIÈRE PARTIE.